U0478832

道德经新解

[春秋]老子——著
倪可——译注

民主与建设出版社
·北京·

图书在版编目（CIP）数据

道德经新解全译本 /（春秋）老子著；倪可译注. —北京：民主与建设出版社，2016.11（2023.11重印）

ISBN 978-7-5139-1290-7

Ⅰ. ①道… Ⅱ. ①老… ②倪… Ⅲ. ①道家 ②《道德经》- 译文 ③《道德经》- 注释 Ⅳ. ①B223.1

中国版本图书馆 CIP 数据核字（2016）第 233812 号

道德经新解全译本
DAODEJING XINJIE QUANYIBEN

著　　者　（春秋）老　子
译　　注　倪　可
责任编辑　程　旭　周　艺
封面设计　小徐书装
出版发行　民主与建设出版社有限责任公司
电　　话　（010）59417747　59419778
社　　址　北京市海淀区西三环中路望海楼E座7层
邮　　编　100142
印　　刷　三河市双升印务有限公司
版　　次　2016年11月第1版
印　　次　2023年11月第2次印刷
开　　本　880 × 1230mm　1/32
印　　张　9
字　　数　216千字
书　　号　ISBN 978-7-5139-1290-7
定　　价　48.00元

注：如有印、装质量问题，请与出版社联系。

长江、黄河孕育了璀璨的中华五千年文明，它耀眼的光芒照耀古今。时光流转，几千年一闪而过，十九世纪中叶，英国人用枪炮强行敲开了中国的大门，鸦片战争爆发了，拥有五千年灿烂文明的古老中国开始经历血与火的考验，社会变革在不断进行，古老的传统文化也在经历着痛苦的新洗礼。

不论是一个国家、一个民族、还是一个人，都是需要文化来作为支撑的，文化是一个民族的脊梁。

文化的缺失必然会导致信仰的缺失，信仰的缺失则必然会导致道德的沦丧。一个人如果放弃了道德的底线，那么只能在名和利的争斗中狗苟蝇营；一个人如果放弃了应当承担的家庭和社会责任，那么只能在虚假的人情世界里寻求心灵的慰藉。

在这样的时代背景下，我们就非常有必要从古代典籍中寻求人生的大智慧以唤醒人内心最本质的真、善、美，重塑道德体系，重新捡起那被丢弃的责任了。

五千年的中国传统文化流传下来的宝贵遗产可谓汗牛充栋，但说到涵盖整个人生大智慧的经典，毋庸置疑当首推老子的《道德经》。《道德经》语言简练，文字优美，意义深刻，博大精深，从哲学的层面对人生进行了高度的概括。

依据史记的记载，老子姓李，名耳，字聃，是春秋时期楚国苦县厉乡曲仁里人，与孔子处于同一时期，比孔子年长一些。

老子在周政府做守藏室的史官，这个职务相当于现在的国家图书馆馆长。孔子曾到过周政府所在的洛阳，特意向老子请教过。老子告诉孔子说：“一个了不起的商人，深藏财货，而外表看起来好象是空无所有；一个有修养的君子，内藏道德，而外表看起来好象是愚蠢迟钝。你要去掉骄傲之气和贪欲之心，这些对你都没有益处。”

老子在周室呆了很久，后来看到周室日渐衰微，于是就离开了。将要出关的时候，守关的关员对他说：“你平时不留文字，现在快要隐居了，就为我们写一本书吧。”于是老子便写了一本书，分为上下篇，内容谈的都是“道”和“德”，一共五千多字。这本传世之作便是《道德经》。

作为一部涵盖了人生大智慧的经典之作，《道德经》具有高度的概括性，因此，要想让它切实地指导人们的现实生活，就要对它进行深入的解读。本书正是解读《道德经》的一本力作。在书中，我们对《道德经》中的文化精华进行了深入的解读，希望可以指导人们在具体生活中所遇到的为人处世、生活情趣、工作态度、人际交往、婚姻家庭、企业管理、养生之道等问题，帮助人们从生活与情感的困惑中走出来。

目录

第一章　道可道，非常道

原文

道[①]可道[②]，非常[③]道。名[④]可名[⑤]，非常名。无名[⑥]，天地之始。有名[⑦]，万物之母。故常[⑧]无欲，以观其妙；常有欲，以观其徼（jiǎo）[⑨]。此两者，同出而异名，同谓之玄[⑩]，玄之又玄，众妙之门。

注释

①道：事物发展变化的一般规律。

②道：道白。

③常：常规的，一般的。

④名：事物的变现形式。

⑤名：说明。

⑥无名：没有形的。

⑦有名：有形的。

⑧常：经常。

⑨徼：边际，轨迹。

⑩玄：幽深，奥妙，高深莫测。

译文

事物运行、发展的规律是可以用言词来表达的，它不是一般的

“道”；“名”是可以用文字来阐明的，它不是普通的“名”。“无名”是天地的本原，“有名”是万物的根本。所以，经常没有欲望，可以从无形中去体悟“道”的微细奥妙；经常抱有欲望，可以从有形中去观察“道”的运行轨迹。这两个方面，是同一来源的不同名称。幽深而幽深，是洞悉万物变化奥妙的总门户。

老聃智慧

《道德经》开篇便讲“道”。这个“道”，即天象运行的规律，有时也包括人事吉凶祸福的规律。《道德经》用“道”构造了一个唯心主义的哲学体系，以此来说明宇宙，说明社会，说明人生。

宇宙是什么？没有人能说得清楚。有人觉得它就像是一部无字天书，蕴藏着无穷无尽的奥秘，有人觉得它像一个深不可测的世外高人，也有人觉得它像一个腼腆含蓄的闺中少女。

其实，宇宙就是宇宙，它始终存在着，永不停息地演变着。变化是绝对的，这是宇宙运行的规律；但变化的规律本身是不会变的，这就是真理。“道可道，非常道”，“道”就是规律，就是真理。

迄今为止，人类对宇宙的认识还极其有限，而且这种认识永远不会终结。但早在几千年前，老子就清楚地意识到了这一点，所以他才会提出“道可道，非常道；名可名，非常名”的哲学命题。如果用一种“道”去对应宇宙间的所有变化，那是徒劳无功的；如果用一种“名”去印证宇宙间的万事万物，那是无济于事的。

从总体上来说，今人应该比古人聪明，因为今人的知识结构和物质文明，远远超越了古人。然而，现在人们考虑问题，往往强调逻辑思维，似乎这种思维方式最为严谨、最为科学。殊不知，逻辑思维是平面的，仅局限于一维至二维的尺度。相对来说，逻辑思维的内容是简单的，而形式却越来越复杂。尤其是现在的数理逻辑，完全可以借助于电子计算机来描述，而且从某种程度上来说，电脑甚至能取代人脑，可以展示出一种绝对有序的操控运算系统，将数理逻辑描述得天衣无缝、无懈可击。然而，一旦出现无序的现象，电子计算机便会束手无策，逻辑演算也只能搁浅了。

从某种角度来说，古人又也许比今人聪明。古人的思维方式，当然也有逻辑思维，同时也有直观思维、形象思维和感知思维等。所谓“感知思维”，是超越感官的一种思维方式，即能够看到四维以上的真如世界。释迦牟尼如果不运用感知思维，便不可能悟透世间无常和缘起诸理而成佛；老子如果不运用感知思维，便不可能捕捉到无声无息、无影无踪的“道”。

我们生活在三维时空层次，对《道德经》中的“虚”和“无”等描述很难理解。这是因为，我们不具备老子的感知思维能力，仅凭有限的感官要去认识“虚”和“无”，能够对它定形、定量、定性吗？不能。不能，只能说明我们的感官能力有限、认识水平低下、思维方式不对，并不能说明“虚”和“无”不存在。

基本上，凡是五官健全的人，都能看到东西、听到声音、嗅到气味、尝到滋味、感觉到冷热。谁也不能否认自己感官所接触的事物，并以此作为思维判断的标准，所谓“耳听为虚，眼见为实”就是这个道理。但人们无法超脱自己生活中的实物环境，去探索“虚”和“无”的更大领域。大多数人甚至不愿接受这一概念。这并不是保守或顽固不化，因为人的感官确实无法感知“虚”和“无”。

逻辑思维是人类的理性思维方式，其前提是人对客观世界已有的认识。因此，对感官无法感知的东西，便怀疑甚至否定它的存在。逻辑思维又可称为“线性思维”，它只能认识在一个水平线上发现的相对真理，而无法认识宇宙的绝对真理。宇宙有不同的层次，人类的认识水平也有不同的层次。人可以借助于天文望远镜看到一百万光年范围内的宇宙运动，但要想了解一亿光年乃至一百亿光年的宇宙空间，地球上任何仪器就都不管用了。而一个“道”字，则涵盖了宇宙的无穷。

老子所说的“道”，是万有之本，可以派生出一切。因此，“道”没有一刻处于静态，它像一张巨大的网，包罗了整个宇宙。任何事物的发展、变化，都在一定的时空范围内进行，“道”却超越时空，没有开始，也没有结束，甚至连因果都没有。人们概念中的过去、现在和未来，只是时间的一个片段；人们印象中的物质世界，只是宇宙的一个角落。只有“道”能总括一体，因为它是永恒的。

第一章是《道德经》全书的总纲，“道”则是贯串全书的灵魂。

要想真正悟解《道德经》“道”的精髓，不能仅从字面上去连释“道”的意义，而应从全章乃至全书所阐述的整体思想上去理解和认识其确切的含义。

这一点，明代高僧憨山德清做到了。他在注《老子道德经解》上篇第一章时指出：

此章总言道之体用，及入道工夫也。老子之学，尽在于此，其五千言所敷演者，唯演此一章而已。所言‘道’，乃真常之道，可道之道犹言也。意谓真常之道，本无相无名，不可言说。凡可言者，则非真常之道矣，故非常道。且道本无名，今既强名曰道，是则凡可名者，皆假名耳，故非常名。此二句，言道之体也。然无相无名之道，其体至虚，天地皆从此中变化而出，故为天地之始。斯则无相无名之道体，全成有相有名之天地，而万物尽从天地阴阳造化而生成。

人求“实”而知万物生成于天地阴阳造化，其本源则为“虚’“无”

之“道”。“实”与“虚”及“有”与“无”，都相对立而存在。随着人的感知范围的扩大和思维方式的改变，“虚”可能变成“实’，“无”可能变成“有”，这时人们对“道”的认识，就会比现在深刻得多了。

第二章 天下皆知美之为美

原文

天下皆知美之为美，斯恶[①]已。皆知善之为善，斯不善已。故有无相生，难易相成，长短相形，高下相盈[②]，音声相和，前后相随。恒也。是以圣人[③]处无为之事，行不言之教，万物作焉而不辞，生而不有，为而不恃（shì），功成而弗居。夫唯弗居，是以不去。

注释

①恶：丑，坏，不收欢迎的。

②盈：充实、补充、依存。

③圣人：古代最高的理想人物。

译文

天下都知道美的东西之所以为美，是因为有丑的存在；都知道善的东西之所以为善，是因为有恶的存在。有和无的互相转化，难和易的相反相成，长和短的互相映衬，高和下的互相充实，音和声的互相呼应，前和后的互相随顺，对立物的相互依存是永恒的。因此，圣人治国为政以“无为”的态度行事，不用言语去实行教化。任万物自然兴起而不加倡导，万物生成而不据为己有，培育万物而不要其报答，万物兴旺而不居功夸耀。因为不居功夸耀，功绩也不会泯灭。

老聃智慧

从某种意义上说，人类社会的文明程度，与人对“美”的理解及追求是成正比的。文明程度越高，对“美”的理解就越深刻，对“美”的追求就越执着。当人类走出蒙昧时代，就有了追求美、创造美的欲望。

有考古学家认为，人类制作的第一件工具，无论是石片、石锌或骨针，都可视作是一件艺术品，因为上面凝聚着原始先民对美的理解。现代考古发现，从河姆渡的蝶形器、陶猪，到秦山大地湾大房子里的地画；从彩陶器上的纹饰，到玉器上的图案——都是古人的艺术遗存，都是值得欣赏的“美”的化身。

当然，美不仅仅指艺术之美，还有自然风光之美，人文环境之美，人体形象之美，以及心灵思想之美，等等。不同的时代对“美”有不同的标准，不同的人对“美”也有不同的理解。不管怎样，追求“美”都是一种健康的心态，是一种社会进步的反映。俗话说“爱美之心，人皆有之”，说的就是这个道理。

老子认为，当天下人都知道“美”之所以为美，这是因为丑的存在；知道“善”之所以为善，这是因为工人存在。知道什么是美、什么是丑，就会崇尚美、厌恶丑；知道什么是善、什么是恶，就会追求善、斥责恶。于是，“美”与“善”，已不仅是审美标准，更是一种社会规范，一种道德修养。

既然是社会规范，自然会成为人际关系的准则。《孟子·离娄下》说：“西子蒙不洁，则人皆掩鼻而过之；虽有恶人，斋戒沐浴，则可以祀上帝。”意思是说：西施是公认的美女，但她如果沾上了不洁之物，路人也会捂着鼻子从她的身边走过去。这说明，“美”是有条件的，是会转化的。“美”的事物一旦被站污，人们就不再欣赏它、赞美它，反过来还会躲避它、嘲笑它。“一个面目丑陋的人，如果能洁身持戒，同样可以祭祀上帝。”《巴黎圣母院》中的卡西莫多，会有人认为他丑吗？这说明，“丑”也是相对的，是能扭转的。“丑”的事物如果能扬长避短、改过迁善，就会被人们承认、接纳和尊重。

凡心智正常的人，都有求美、羞恶之心，这正是人区别于动物的地方。能将美与善发扬光大者，就是圣人。黄帝、唐尧、虞舜、夏禹，这些中华民族的祖先，皆具备仁、义、礼、智、信各方面的美德，所以世世代代被人传颂。人们敬仰圣人，就是人性崇尚美、追求善的反映。

美与丑、善与恶是两个矛盾的对立面，但它们却也相互依存，相互转化。所以说，任何事物，都不是静止的，都与矛盾的对立面一起运动着。

《道德经》第二章谈到了一系列矛盾概念，诸如“有无”“难易”“长短”“高下”“前后”等。它们互相对立，而又不能离开对方而单独存在，这是永恒的道理。

总之，矛盾是绝对的，矛盾的转化是有条件的。矛盾的变化，又会产生新的矛盾。没有人能阻止矛盾的产生和发展，同样没有人能阻止人类对真善美的追求。

然而，《道德经》又提出“圣人处无为之事，行不言之教”的观点，这又怎样理解呢？所谓“无为”，并非无所作为。如早期道教，即以“无为”作为得道意、得天心、致太平的根本。《淮南子·原道》说：“所谓‘无为’者，不先物为也；所谓‘无不为’者，因物之所为。”这是将“无为”的概念，作了一个时间上的界定。魏晋以后，“无为”逐渐成了道教社会观的基础。河上公在《老子注》中强调：“法道无为，治身则有益精神，治国则有益万民。”所谓“治身”的“无为”，应当“无为事主，无为事师，寂若无人，至于无为”，这样才能全身、去危、离咎。所谓“治国”的“无为”，应当按自然规律和社会发展规律来治理天下，这样才能使黎民百姓得益，社会也才能长治久安。

后来道教的“无为”，慢慢演化为顺应自然，不求有所作为。这是道教对于社会政治和处世的基本态度。道教在很大程度上承袭了老子的思想，认为宇宙间万物以及社会的发展，都自有其“道”。对待万物和治理天下，都应该顺乎自然和社会。

怎样才能做到“无为”呢？古人论述颇多，如《云笈七签》是这样说的：

欲求无为，先当避害。何者？远嫌疑、远小人、远苟得、远行止，慎口食、慎舌利、慎处闹、慎力斗。常思过失，改而从善。又能通天文、通地理、通人事、通鬼神、通时机、通术数。是则与圣齐功，与天同德矣。

从中我们可以看出，道教的“无为”，并非是指无所不为、消极避世，而是远离不利于己的环境，谨慎处世；同时还要努力，积极进取，通晓各种知识，善于应付各种情况和处理好人际关系。所以说，追求“无为”，应该按“道”行事，遵循事物发展、变化的客观规律行事。处世立命，必须摒弃妄自作为，远祸慎行，追求朴素节俭、清静寡欲的境界。

“无为”，可视作一种处世哲学，要真正领略其中的奥妙，就需要我们在人生旅途中慢慢的体会和领悟了。

第三章　不尚贤

原文

不尚贤[①]，使民不争；不贵[②]难得之货，使民不为盗[③]；不见[④]可欲，使民心不乱。是以圣人之治，虚[⑤]其心，实[⑥]其腹，弱[⑦]其志，强[⑧]其骨，常使民无知无欲。使夫知者不敢为也。为无为，则无不治。

注释

①尚贤：使有才能的人受到尊重。

②贵：重视。

③盗：偷窃。

④见：通“现”，显露。

⑤虚：使……空虚，净化。

⑥实：喂养，哺饱。

⑦弱：削弱。

⑧强：使……强化。

译文

不推崇才能，百姓就不会互相竞争；不看重那些稀有、罕见的财物，百姓就不会去盗窃；不显露容易引起人贪欲的东西，百姓就不会心神散乱。因此，圣人治理天下，在于使人民头脑简单，在于满足人民的生活需要，使人民志气柔韧，筋骨强壮，永远使人民没有机诈的心智，没有争盗的欲望。使那些自认为有才智的人也不敢用才智去夺名争利。圣人以“无为”的态度去处理政事，没有治理不好的。

老聃智慧

老子认为，圣人治理天下，就是要使百姓头脑淳朴，能吃饱肚子；没有贪欲，体魄强壮。这就是说，不剥夺百姓生存的权利，要尽力使百姓生活过得好，身体强健。

在《新书》里就讲到，有道君主治国的办法是要让百姓耕种三年就有一年的余粮，耕种九年就有三年的余粮。三十年中，就有十年的余粮。所以，夏禹时，发了九年的洪水，商汤时大旱了七年，野外连青草都没有了，但百姓却面无饥色，路上也看不到行乞的人。有道君主的治国之道就是：国中没有足够食用的储蓄，就叫不足；没有足够六年食用的储蓄，就叫紧急；没有三年食用的储蓄，那国家就不成其国家。

尚贤政治一向是诸子百家所主张的政治思想，因为贤者治国首重教化，因此社会的教育文化才会达到一定的水准，从而使社会安定，人民得到福利。但是在这里老子却主张“不尚贤”，这样的思想显然与众不同，甚至与诸子百家所主张的思想相背。

然而事实上，老子并不贬低、排斥贤才，只是他认为“尚贤”要有一个限度，即统治者不可给贤人过分优越的地位、权势和功名，以免使“贤才”成为一种诱惑，引起人们纷纷争权夺利，从而使社会扰攘不宁。

宋朝时王安石积极倡行变法，在理财便民的号召下，实施了“青苗法”“均输法”等新法。除此之外，还实施了农田增产运动，强迫人民积肥，而且强令各路州府主管负责推动贯彻执行。

当时尚未发明化学肥料，所谓积肥，不过是强迫农民制造堆肥、粪肥而已。有一位邑宰在执行这一法度时特别严厉，强迫每保限期交纳大粪一百担，否则罚银一百两。

经过保正日夜奔走催逼，到达限期的那一天，有一个区域只制造了九十九担，还缺少一担。积肥这种东西，既无法用钱买到，也无法立即变出。农民被逼无奈，只好集资购买红苋菜数百斤，用锅煮熟，挤去红水，冒充大粪，凑成整数上交。

挑去缴纳时，眼尖的小吏立即加以挑剔：“咦？保正，这一担大粪滴出的水为什么这样红？”保正沉吟了半天长长嘘出一口冷气，转而气愤的大声说：“老爷，你体谅一些好不好？成年积肥增产，不但粮食未见丰收，连老百姓肚里的大便也被你们挤光了，这便是拉出来的血水，随你要不要吧！”

这则故事就是在讽喻王安石变法的矫枉过正。虽然对于王安石变法历史上评价不一，不过他却是个公认的贤才。但是，因为他大权在握，力求变法，为了争取支持，不惜与不好的人结成朋党。结果贤才反被利用，成为傀儡，为社会制造了严重的问题。所以，老子“不尚贤”的主张，是有他的道理的。

“无为”是老子思想中的重要命题，有人用它来治国，有人用它来治兵，现在又有人用它来治企业，它的影响可以说是既深且远。

所谓“无为”，并不等于“不为”，老子所谓的“无为”，并不是迷迷糊糊的什么事都不做，而且是要以无为代替有为，事事任其自然，不要进行人为的干预，这样就可以恢复那种自然和谐统一的状态。

在中国历史上，每一次社会的大动乱过后，统治者都担心社会震荡的再次来临，于是便会向老子请教，采用“无为而治”的治国理念，而不敢再胡作非为。汉文帝和汉景帝父子就是以无为的方式，缔造了“文景之治”。

汉文帝刚即位就下诏废除了连坐法，马上得了人心；接着他又下诏救济鲜、寡、孤、独和穷困的人民。而且，文帝知道，自己的一言一行，都会对臣民产生影响，所以自己稍有不慎，就会有人投己所好，从而滋长不良风气，因此他下诏“不受献”，令四方不必献贡。此外，文帝还一次次减免税收，勉励农民“诚实劳动”。此外，文帝期许自己也能做到勤俭节约，他在位期间，宫室、园林、服饰器具都没有增加。

汉文帝正是在安静无为中做到了不扰害百姓，因而国力大增，百姓安居乐业，创造了文景盛世。

“无为而治”虽然寥寥几字，但其中蕴含了极其深奥且复杂的治国韬略，值得为政者细细琢磨。

第四章　道冲而用之

原文

道冲[①]，而用之或不盈也。渊[②]兮，似万物之宗。挫[③]其锐，解其纷，和其光，同其尘。湛[④]兮，似或存。吾不知其谁之子，象帝之先。

注释

①冲：通“盅”，空虚。

②渊：深远流长。

③挫：锉，消磨、挫败。

④湛：沉没。

译文

大“道”像器皿内的空间一样虚无，使用时不会盈满。它多么深远，如同万物的宗祖。消磨它的锐气，解除它的纷乱，调和它的光辉，混同它的尘垢。“道”多么沉寂啊，似无而又实存。我不知道它产生于何处，似乎在天帝之前就已经存在。

老聃智慧

唐高宗李治曾经询问上清派天师潘师正：“道家阶梯证课，竟在何处？”潘师正回答：“夫道者，圆通之妙称；圣者，玄觉之至名。一切有形，皆含道性。然得道有多少，通觉有浅深。通俗而不通真，未为得道；觉近而不觉远，非名圣人。”

潘师正说的“一切有形，皆含道性”，指的是自然界万物都包含“道”的本性，都有“道”的规律，所以都有可能得道。但是，得道有多有少，悟道有深有浅，这是由各人的资质决定的。

资质也可以说是人的慧根悟性，它决定了人悟道的程度和处世的能力。

西汉时期，薛宣父子都在朝中做官，薛宣任陈留太守，儿子薛惠任彭城县令。有一次，薛宣路过彭城，却毫不过问儿子的政绩，因为他明白儿子资质平平，不聪明也不能干。有人问薛宣，为什么不传授一些从政的秘诀给儿子，薛宣笑着回答：“为政只要按国家法令行事就行了，这些他都已经掌握了。至于睿智贤能与否，各人资质不同，他未必学得去，我又何必费力去教他呢？”

薛宣的话虽然有些偏颇，但从另一个角度来分析也确实有一定的道理，要想改变人的资质，的确不是一件容易的事。

现实中，即使一个人的资质适宜治理一个县，却未必能治理好一个县；即使一个人的资质适宜管理一家公司，却未必能治理好一家公司。这又是为什么呢？因为，用尽全身所有的力量举起一个重物，定会使自己精疲力尽；拿牛刀杀鸡，才能游刃有余。不留余地，没有潜力，即使一时能办好一件事，却很难持久。

每个人一生中，都会遇到许多事情、许多麻烦、许多困惑。大到国家大事，小到个人小事，道理都是一样的。事情头绪越多，越要理出头绪，矛盾越是复杂，越要找出解决矛盾的办法。遇到强敌先要“挫其锐”，遇到难题先要“解其纷”。当然，“挫其锐”“解其纷”“和其光”“同其尘”等，都得创造条件、营造环境。

北宋真宗时期，李允则出任沧州知府。当时宋王朝和契丹人建立的辽国处于南北对峙的局面，沧州为宋辽接界的前沿地带。李允则深知辽军兵强马壮，不可与之发生正面冲突。到任后，他巡视州境，下令疏通湖泊，城中增修房屋，还开凿了许多水井。人们一时不明白他的用意，其实他是在为固守城池做准备。不久，辽军重兵压境，城外的老弱百姓都逃进了城。城中既备有住房，又有足够的生活用水，所以人心稳定，合力抗敌，辽军组织的一次又一次的进攻都被击退。这时候，守城用的滚木镭石快用尽了，当时正值严冬，天寒地冻。李允则便让城中军民从井中打水，浇铸成冰球，填在火炮内，充当石炮弹使用，以此使沧州城得以坚守。辽军占不到便宜，只得弃围而去。

李允可谓是深谙“道冲，而用之或不盈”之道，化无用为有用，既避敌锋，又挫其锐，将“冲”玩得出神入化。类似的事例还有很多。

隋朝建立初期，隋文帝杨坚刚刚在长江以北站稳脚跟，便询问大将高颎攻取江南陈朝之计。高颎答道：“江北气候寒冷，旱田的收割季节比较晚；江南气候温暖，水田收割季节较早。趁他们忙于收割时，我们调集人马，作出要突然袭击的样子。他们必定会调兵遣将，严加防守，这样免不了就会耽误农时。等他们征兵集结好军队，我们则把军队解散，让战士回家收割庄稼。这个方法可以反复做几次，等他们习以为常之后，我们便真的聚集优势兵力，趁他们犹豫不定之时，出其不意地挥师渡江，必胜无疑。”后来高颎之策果然奏效，陈朝最终为隋所灭。

高颎运用“道冲，而用之或不盈”的原理，充分营造紧张气氛，造成敌人财力的损耗、精神的疲劳及心理的麻痹，最后猝不及防地发动进攻，一举成功。

由此可见，灵活运用一种道理，也许能成为克敌制胜的法宝。当然，如果运用不当，也可能会适得其反。

第五章　天地不仁

原文

天地不仁[①]，以万物为刍狗[②]；圣人不仁，以百姓为刍狗。天地之间，其犹橐籥（tuó yuè）[③]乎？虚而不屈[④]，动而愈出。多言数[⑤]穷，不如守中。

注释

①仁：亲，偏爱。

②刍狗：古代祭祀用的草扎成的猪和狗；比喻轻贱无用、微不足道的东西。

③橐龠：古代冶炼金属时用来鼓风的风箱。

④屈：竭，尽。

⑤数：技艺、杂艺。

译文

天地没有仁爱之心，将万物看作“刍狗”一般，任其自生自灭；圣人没有仁爱之心，将百姓看作“刍狗”一般，任其自作自息。天地之间，不就像一个风箱吗？空虚而其中的风不可穷尽，愈动风就愈多，万物源源不断地生化而出。即使博学强记、技艺超群，也不如保持空虚的状态更合适。

老聃智慧

老子与孔子、墨子不同。孔子注重天道，大讲自然法则，而墨子则强调人的尊严，宣扬对人要有相爱之心。老子则一针见血地指出："天地不仁，以万物为自狗；圣人不仁，以百姓为鱼狗。"所谓"不仁"，就是没有"偏爱"。在老子看来，自然的天地是没有人格的，所以自然天地对万物是没有仁爱之心的。圣人效法自然天地，对黎民百姓也不施仁爱，就像束草为狗，以此来作祭祀用，祭祀结束后，就将它扔掉了，谈不上什么仁爱。

老子是谈天说道的专家，善于以天道指点人道与政道，要让世间一切之道契合于天道之无为与自然。《道德经》强调，人不过是万物中的一物，所以用不着特别计较维护人的尊严，讲究人道原则。老子的目的，是用天道来与人道相对应，用天道来否定人道。

说到底，天道与人道的对立，是"无为"（自然）与"有为"（人为）的对立。《道德经》处处强调，天下之事，都要顺其自然，不可勉为其难，更不能违背自然法则。连受人崇敬的天地都要效法道，按道的规律行事，何况受自然摆布的人了。

自古以来，便有违背自然规律必要受自然惩罚的观念。如《孟子·公孙丑上》中，讲了这样一个寓言：

古代宋国有个农夫，因为担心自己田里的禾苗长得太慢，就干脆赤脚下田，将刚种下的禾苗一棵棵都拔高了一截。一直干到黄昏，他才拖着疲惫不堪的身子回到家里，并对他的儿子说："今天我真是累极了，但却让田里的禾苗一下子都长高了。"儿子一听很好奇，于是便赶到田里去看个究竟。结果看到的景象是：田里的禾苗都耷拉着脑袋，全都枯死了。

孟子说完这个故事后，情不自禁地感叹道："天下之不助苗长者寡矣。以为无益而舍之者，不耘苗者也；助之长者，揠苗者也。非徒无益，而又害之。"违反自然规律做事，必然不会有所成。

现实生活中，像"揠苗助长"一样违背自然法则行事的例子屡见不鲜。就拿教育孩子来说，有的父母"望子成龙""望女成凤"心切，在孩子刚刚学会说话的时候就为他们报各种外语班，结果孩子不但没有学会外国话，反而连中国话也不会说了。我们的父母真的应该警醒了。

道法自然，是要寻找事物发展的客观规律，并不是"守株待兔"般地消极等待。如果眼看田里杂草丛生，既不锄草也不耕耘，只是口中高喊"道法自然"，同样会一事无成，自食其果。

《道德经》的语言，既神秘，又清晰，有时好像莫名其妙，有时好像一看就懂。书中一再强调任何事物的规律都是自然而然，周而复始，不会因人的意志而改变。而天道是一种看不见、摸不着的真实存在，谁也不能否定它。

既然天道就是自然且"无为"的，那么老子为什么要提出这一组概念呢？这要从两个方面来分析。

一方面，《道德经》所说的"道"，并不是天帝，也不是神仙，即它绝不是一个有意志的创造者，这充分体现了老子的无神论思想，否定了孔子的"天命"及墨子的"天志"等观点。

另一方面，《道德经》强调自然、"无为"，指"道"能够自然地，而不是有意识地产生并推动万物成长，自然地产生万物而并不为之主宰。

在几千年的奴隶社会中，天，一直被视作人格化的神，天主宰着一切。而在《道德经》一书中，天的地位被降低到作为自然界的概念来使用。天道与人道对称，就是将自然法则与社会法则相对应。

第六章　谷神不死

原文

谷神[①]不死，是谓玄牝（pìn）[②]。玄牝之门，是谓天地根。绵绵[③]若存，用之不勤[④]。

注释

①谷神：万物的生养之神；在此处比喻生养万物的“道”。

②玄牝：微妙的母体；比喻空虚之“道”。

③绵绵：连绵不断。

④勤：又作“尽”，穷尽。

译文

生养万物的神灵永远存在，这就像微妙的母体。这微妙母体的门户，就是天地的根本。它连绵不断地存在着，作用也是无穷无尽的。

老聃智慧

老子的思想，确实有些玄妙。不深入地去研究，难以玩味其中的精妙。而且老子也非常喜欢使用“玄’这个字眼，《道德经》五千言，“玄”字处处可见。如首章即云：“故常无欲，以观其妙；常有欲，以观其激。

此两者，同出而异名，同谓之‘玄’。玄之又玄，众妙之门。”

历代注家，都把“玄”解释为深远而不可知。因此，“玄”是对“道”的状态的描述。“玄之又玄”就是一种超然物外，“外无可欲之境，内无能欲之心”的无欲的修道境界。一旦进入了这个境界，就会从根本上忘掉贵贱、祸福、荣辱、毁誉、亲疏、违顺、去来、高下、物我、利害、寿夭等真实存在的事物。

人生是短暂的，命运是无常的。贵为帝王，基业也不能天长地久；身为英雄，功名只不过是过眼烟云。命运似乎被一只无形的巨手所操纵，个人显得渺小而微不足道。人生是一次性的，岁月不可倒流，机遇无法重现。如果将荣辱得失、兴衰成败看多了，看惯了，也许就会宠辱不惊，淡然超脱了。这时候，人也许就会大彻大悟了。

第七章　天地长久

原文

天长地久。天地所以能长且久者，以其不自生[①]，故能长生。是以圣人后其身而身先，外[②]其身而身存。非以其无私邪？故能成其私。

注释

①不自生：不为自己的私利而长久地生存。

②外：置……之外。

译文

天长地久。天地之所以能长久存在，是因为它们不为自己的私利而营生，所以能长久。因此，圣人谦让退在后面，反而在众人之先；把自己置之度外，反而能安然存在。这正是由于他没有私心，才成就了自己。

老聃智慧

老子是一位智者，他揭示了“天长地久”的秘密——“以其不自生，故能长生。”因为自生则与物争，不自生则使物归。天是如此，人生也是如此。不可只着眼权宜之计，争一时之短长，而应该以长远为计，才能永远立于不败之地。

历史上，这类例子有很多。

晋国即将和楚国开战，晋文公重耳召来谋臣舅犯询问计策：“我将要与楚军打仗，敌众我寡，有什么办法呢？”舅犯回答：“我听人说，只有不厌嫌忠厚信义的有德君子，才能坚持学习并履行繁复的礼仪；只有施用诡计巧诈的统帅，才能在战场上克敌制胜。所以如果您想取得胜利，只须施用诡计欺诈敌人就行了。”

接着，晋文公又找来雍季问计：“我将与楚人开战，敌众我寡，你有什么妙计吗？”雍季回答：“焚烧森林来围猎，一时贪取大量的野兽，但以后肯定就不再有野兽可猎了。用奸诈诡计来对待人民，只能暂时获取好处，以后就肯定不能再受信任了。”晋文公说：“你说得很有道理。”

晋楚之战爆发了，晋文公用舅犯的计策与楚军作战，很快就获得了胜利。凯旋后，晋文公论功行赏，雍季排名第一，得到重赏，舅犯却名次排在后面。有的大臣就提出：“这城濮之战，靠的是舅犯的计策。使用了他的计策，却不给予他应有的奖赏，这样做合适吗？”晋文公解释道：“这其中的道理不是你们所能理解的。舅犯所谋划的，是一时的权宜之计；而雍季谋划的则是长远之计，千秋万代都可从中受益。”

孔子对此事的评价是：“晋文公成为春秋五霸之一，确实是理所当然的！他既知道在特定情况下使用权宜之计，更懂得千秋万代的长远利益。”

舅犯的计谋，虽取得了以少胜多的效果，但毕竟只能逞胜于一时。没有长远的眼光，就可能后患无穷。

《梦溪笔谈》中也记载了一个类似的故事。

海州知府孙冕听说发运司准备在海州设置洛要、板浦、惠泽三个盐场，便坚决反对，并提出了许多理由。后来发运使亲自来海州谈盐场设置之事，还是被孙冕顶了回去。当地百姓拦住孙冕的轿子，向他诉说设置盐场的好处。孙冕向百姓解释道："你们不懂得作长远打算。官家卖盐虽有眼前的利益，但如果盐太多卖不出去，三十年后就会自食恶果了。"

然而，孙冕的警告并没有引起人们的重视。他离任后，海州很快就建起了三个盐场。几十年后，当地刑事案件不断上升，流寇盗贼、摇役赋税等都比过去大大增多。由于运输、销售不通畅，囤积的盐日益增加，盐场亏损负债很多，许多人都破了产。这时，百姓才开始明白，在这里建盐场确实是个祸患。

一时的利益显而易见，人们往往趋利而不考虑后果。能预见未来，一定要有大智慧。而具备这种大智慧的人，不会为短浅的近利所惑，而且连隐含的祸患也能及时发现。只有这样，才能避免喝自酿的苦酒。

《道德经》说："是以圣人后其身而身先，外其身而身存。"这是很有道理的。做任何事情，都是有目的的，而目的就是利益。达到目的需要手段，也就是用计。在特定情况下，确实需要使用一些权宜之计，以保证眼前利益的实现，但为了保证千秋万代的利益，一定要有长远之计。

第八章　上善若水

原文

上善若水，水善利万物而不争。处众人之所恶[①]，故几[②]于道。居善地，心善渊，与善仁，言善信，正善治，事善能，动善时。夫唯不争，故无尤[③]。

注释

①恶：讨厌、厌恶。

②几：相似，接近。

③尤：怨恨、埋怨。

译文

崇高的德行就像水。水有利于万物而不与万物相争，甘愿停留在人们所讨厌的低洼的地方，所以接近于“道”。品德高尚的人，选择居处像水一样善于避高就低，胸怀像水一样善于保持沉静，交友像水一样善于与人亲爱，说话像水一样善于遵守信用，为政像水一样善于简洁清明，处事像水一样无所不能，行动像水一样善于随时应变。他就像水那样与世无争，与万物无争，没有一点忧患。

老聃智慧

中国历代文人与水都有一种不解之缘，浩瀚的典籍中有许多他们曾经咏水的诗文。有的优美，有的清隽，有的深刻，有的精警，所以能流传千古，脍炙人口。但让人印象最深的，还是《道德经》“上善若水”的论调，因为它阐述了一种充满智慧的人生观，给人以深刻的启迪。

老子认为，有道德的上善之人，具有水一样的秉性。水的秉性是怎样的呢？它善于利养万物而不与万物相争，它乐于停留在众人轻视的低下之处，因而最接近于道。有道德的上善之人处世，住的地方要像水那样善处低下，心境要像深渊那样清澄平静，交友要像水那样亲密仁爱，言语要像水那样诚信无欺，当政要像水那样洁净清明，做事要像水那样无所不能，举止要像水那样伺机而行。

人大多希望一步步往上爬，水却宁可一点点往下流，正所谓“人往高处走，水向低处流”。因为这样，有道德的上善之人，便效法水的品性，温良恭俭让，博施却不奢报答。

水的特性是求实。它明如镜，能照鉴万物，既不夸大，也不抹杀万物的优点，既不嘲笑，也不隐藏万物的缺点，这是它的实事求是精神。正因为这样，有道德的上善之人，便效法水的特性，办事脚踏实地，待人接物言而有信，交友诚恳。

如果真能像水一样处世为人，那就几近于“道”了。

老子弘扬水的精神，其实是在宣传他的处世哲学，那就是做人要与水一样，有极大的可塑性。水性柔而能变形：在海洋中是海洋之形，在江河中是江河之形，在杯盆中是杯盆之形，在瓶罐中是瓶罐之形。它可以有一泻千里的气势，它可以有排山倒海的威力。它可以宁静，也可以奔腾。做人处世，在不同的场合，在不同的时间，不也应该有不同的样子吗？事实上，在社会这个舞台上，每个人都在扮演着不同的角色：在父母面前你是孩子，在爱人面前你是伴侣，在儿女面前你是父母，在上司面前你是下级，在下属面前你是领导。乘车时你是乘客，购物时你是顾客，看书时你是读者，看戏时你是观众……如果你用同一个样子去演不同的角色，社会舞台必然会乱了套。所以，我们要学习水的秉性，随遇而安，适应环境的变化。

第九章　持而盈之

原文

持[①]而盈之，不如其已；揣（chuǎi）[②]而锐之，不可常保。金玉满堂，莫之能守；富贵而骄，自遗其咎[③]。功遂[④]身退，天之道也。

注释

①持：握，拿着。

②揣：捶打，锻炼。

③咎：灾祸、祸害。

④遂：成就。

译文

过分地追求盈满，就会倾溢，还不如趁早停止；锤锻（金属）使它尖锐锋利，不能长久保全，必遭挫败；金玉堆满屋中，想长久占有，这也是不可能的事，没有谁能守得住；得到富贵而骄横，会给自己带来灾祸；功业完成急流勇退，这才是顺应自然规律的做法。

老聃智慧

老子确实是个充满睿智的哲人，深谙以退为进的辩证之道。他站在广阔无垠的宇宙空间，俯视人生，既看到了事物的正面，也看到了事物的反面。

为人处世，谁不想风风光光？当了小官想当大官，发了小财想发大财。人的欲望是没有止境的，该得三分四分的，总想得个五分六分；该得七分八分的，总想得个九分十分。

适可而止的道理，人人知道，但做到的人却很少。殊不知水满则盈，月满则亏，登上顶峰，就意味着要走下坡路了。天地间，四季循环，严冬的尽头，就是春天；人世间，从童年、少年、青年、中年走来，到了老年，就面临着死亡。孩提时嫌自己长得太慢，年轻时嫌自己不成熟，中年时嫌自己无暇悠闲，到了老年，才觉得成熟的可怕及悠闲的恐怖，因为这时已到了人生的尽头。

所以，人生处世，不要处处挑剔缺陷，不要时时求全责备。某桩事十全十美了，它就不再发展；某条路宽阔平坦，它就无须再开拓。其实，遇到路径窄处，留一步给他人走，不就可以在人生旅途中多结一份情谊吗？

处世之道，能让人处且让人，退步乃是进步的张本；待人接物，可宽恕时则宽恕，利人本是利己的根基。事事留个余地，朋友不会埋怨你，对手无法伤害你。如果功德必求圆满，事业必求顶尖，那么很可能不是外遭妒忌攻击，就是让自己精疲力竭。

老子说："金玉满堂，莫之能守。"这真是道出了贫富无常的道理！当你享受祖上的德泽时，当念其积累之难；当你将财产传给子孙时，当告之以倾覆之易。与其好高骛远、不切实际，不如守已成之业；不仅要反思以往的过失，更要防范将来的隐患。犯错误未必是坏事，只要从中总结成功的经验；有挫折不必多懊丧，尽可从中探索前进的路子。曾处过卑下的地位，才知道登高的危险；曾处过隐晦的地位，才知道明处太暴露。树大招风，功高盖主，都不会有好的结局。

老子说："富贵而骄，自遗其咎。"这是一面人生的镜子。有人以为富贵是命中注定的，有人以为富贵是努力得来的，两者都为之感到骄傲。前者为富贵来的轻而易举而骄傲，后者为富贵来的艰难卓绝而骄傲。殊不知，富贵而骄傲自大，就会变得盛气凌人，飞扬跋扈，结果注定会走向事物的反面。所以说，越是富贵，越要宽厚，越要善待贫贱之人；越是富贵，越要隐晦，越要善处日常之事。聪明的富贵者，知道敛藏的妙处，不干炫耀的蠢事；愚蠢的富贵者，不知敛藏的作用，必定会留下炫耀的后患。

老子说："功遂身退，天之'道'也。"这是圣哲的告诫。历史上，有过多少兔死狗烹的悲剧！为了避免悲剧的发生，"功遂身退"是最好的选择。春秋时期的范蠡，为这一准则作出了千古典范。

范蠡与文种一起，共同辅佐勾践，苦身戮力二十多年，终于打败吴王夫差，一报会稽之耻，位列上将军。范蠡认为，大名之下，难以久居。而且他深知勾践之为人，可以与其共患难，却难以与其同安乐。于是浮海而去，经商致富，却又尽散其财，耕耘谋生。在他眼里，功名、权力、钱财均为过眼烟云，可求而不可恋，可得而又可失。

范蠡是个聪明人，深谙"功遂身退"的道理。纵观历史，凡建功立业者，多为圆融豁达之士；凡愤事失机者，必是执拗顽固之人。

范蠡是想得开的人，所以会抛下富贵去浮海，散尽家财去耕耘。他把身外之物看得很轻，失去了不足惜，甚至觉得是一种解脱。这种境界，一般人是达不到的，所以大多数人自然也无法领略老子说的"天之'道'也"。其实，这个道理说简单也简单：荣华富贵，功名利禄，只要从灭处观究竟，就不会产生贪恋之念；贫穷困苦、艰难挫折，只要从起处问由来，就不会生出怨尤之心。将得失荣辱淡化，置之度外，也就能够进入“道”门了。

不改换世俗之肩，如何挑得起圣贤之担！

第十章　载营魄抱一

原文

载[①]营魄[②]抱一[③]，能无离乎？专气[④]致柔，能如婴儿乎？涤除玄览[⑤]，能如疵[⑥]乎？爱民治国，能无以知乎？天门[⑦]开阖（hé)，能为雌[⑧]乎？明白四达[⑨]，能无为[⑩]乎？生之畜[⑪]之；生而不有，为而不恃，长而不宰[⑫]；是谓玄德。

注释

①载：助语词。

②营魄：魂魄；指精神、思想。

③抱一：合一、聚集。

④专气：结聚精气。

⑤览：通假字“鉴”；指镜子。

⑥疵：弊病，瑕疵。

⑦天门：指鼻子。

⑧雌：像雌性动物一样寂静柔顺。

⑨达：通晓事理。

⑩为：知识，技巧、技能。

⑪畜：蓄养精神。

⑫宰：主宰、把握。

译文

精神和形体合一，能够永远不分离吗？结聚精气以达到柔顺，能达到像婴儿一样的状态吗？清除杂念，能使心如明镜没有瑕疵吗？爱护百姓治理国家，能不用智巧自然无为吗？鼻子呼吸，能做到寂静柔顺吗？通晓天下事理，能不将机巧掺杂其间吗？尽量让万物自由生长，尽力养育它们。能够使万物生长而不占有它们，对万物有所施为而不把持它们，让万物滋长而不主宰它们，这就是最深远的“德”。

老聃智慧

老子作为一个伟大的思想家，在认识论上有一套独特的思维方法。“涤除玄览”言下之意就是：要将人的内心打扫、洗涤得干干净净，不受外界的干扰，不被世俗所污染，如同一面清澈明净的镜子，光可照人，没有一点灰尘。只有这样，才能理解“道”的真谛，把握“道”的规律。

认识“道”，不同于认识某一个具体事物那么容易。因此，老子提出，要想认识“道”，必须使内心保持高度的虚静，心猿意马不行，主观意识强也不行。在进入一种不思不想、无私无欲的境界后，才能看清“道”的真面貌。这种观点，含有观察的客观性、深入性以及整体性的合理内核。

现实生活中，我们会有这样的感受：徜徉于山川湖泊、林木泉石之间，尘心自然熄灭；忘情于追求理想、修养品格，俗气会逐渐消失。所以说：借境可以调心，借境可以入静；忘情可以悟性，忘情可以升华。也许，在风平浪静、万籁俱寂之中，可见到人生的真境；也许，在味淡声稀、物我两忘之时，能认识心体的本然。

“玄览”的目的，即要保持心灵世界的明净，那么自我修养，就是达到这种目的的必由之路。如果你不贪图享受，钱财就无法诱惑你；如果你不想飞黄腾达，官场的风波就影响不了你；如果你不追逐名利，失意的烦恼就找不到你；如果你不看重女色，美人计就奈何不了你……然而，我们毕竟是生活在这个五光十色、无奇不有的世界上，即使你想出世，亦必须涉世，完全不必躲避与人接触而逃世；如果你想入静，用不着烦心，更无须绝欲以灰心。

清风、明月、白云、晚霞……时时均能见天心；高山、流水、飞瀑、沙滩……处处都能观妙道。只要我们去留心、去观察，就一定能悟道。

第十一章　三十辐同一毂

原文

三十辐[①]共一毂（gǔ）[②]，当其无，有车之用。埏（yán）埴（zhí）[③]以为器，当[④]其无，有器之用。凿户牖（yǒu）[⑤]以为室，当其无，有室之用。故有之以为利，无之以为用。

注释

①辐：车轮中连接轴心和轮圈的直木。

②毂：车轮中心有圆孔的贯于车轴车辐的圆木。

③埏埴：揉合粘土。

④当：处在。

⑤户牖：门窗。

译文

三十根辐条环绕着一个轮毂，有了车毂中空的地方，才产生车子得以运转的作用。揉合粘土制成器皿，有了器皿中间的空处，这才使器皿具备了容纳东西的作用。开凿门窗建成房屋，有了房屋中间的空处，这才成就了房屋住人的功用。所以，任何东西的实有部分要给人带来便利，是靠空虚部分发挥作用的。

老聃智慧

老子的思想是辩证的。他善于抓住矛盾的两个方面，既看到它的对立，又揭示它的统一。《道德经》中，有不少篇幅谈到“有”和“无”的关系。人们大多只看到“有”的作用，而忽视了“无”的地位。老子的智慧，就是将“无”清清楚楚地揭示出来，让世人看个透彻。

老子在这一章中对“有”与“无”对立统一的阐述，揭示了世界上万物形态与作用之间的关系。如果只看到万物的形态，即只认识“有”，而不知道万物的效用，即忽视了“无”，就是愚蠢的，至少是不明智的。

在《道德经》中，“无”和“道”是同一个范畴。《道德经》强调“道”是“无为”的，“道”即是“无”，而“无”则是产生一切“有”的根本。比如《道德经》中有这样的说法：“天下之物生于‘有’，‘有’生于‘无’。”这个观点，是很有代表性的。

“道”是虚无缥缈的，而它却是《道德经》思想的基石。“道”即是“无”，“有”生于“无”，从这一观念出发，就是承认对立面的相互转化。“有”由“无”产生，最后又复归于“无”，这是一种朴素的辩证法。

人类本身是从“无”中走来，一旦成了真正意义上的“人”，即是“有”，便又幻想能成为仙人，长生不老，与天地同在，与日月齐寿。而仙人必须根除人性，不能有人的七情六欲，也就是复归于“无”。而要做到这一点，真比登天还难。

根除人性、忘掉七情六欲，是成仙的必要条件，也是成仙的最大障碍。

《古今小说》第十三卷《张道陵七试赵升》叙述，被尊为第一代天师的张道陵，收有236个弟子，但只度得赵升、王长二人，其余234个弟子，都是“俗心未除，安能遗世”。所谓“俗心”，即七情六欲是也。小说作者只得感叹：“不是世人仙气少，仙人不似世人心。”又指出：“世人开口说神仙，眼见何人上九天？不是仙家尽虚妄，后来难得道心坚。”

无独有偶，《醒世恒言》第二十一卷《吕洞宾飞剑斩黄龙》叙述，“八仙”之一的吕洞宾以慈悲济世为修道途径，又一改传统的施法剑术为慧剑，即断除贪填、爱欲、烦恼的智慧。有一天，他忽发奇想问师父：“师父计年一千一百岁有零，度得几人？”师父回答：“只度得你一人。”吕洞宾很失望，而且不太相信。师父看穿了他的心思，便要他也去度人，并答应给他三年时间，“但寻的一个来，也是汝之功。”三年之中，吕洞宾走遍天下，结果竟然一个也没有度成，便心悦诚服，知道要度人得道成仙确实绝非易事。

人难以成仙，也就是“有”难以复归于“无”。张道陵和吕洞宾度人成仙难的例子，并非仅仅是一个消极的证明。从积极的视角去看这个问题，会让我们明白，人又何必抛弃自己的人性，去做那根除人性的仙人呢?

“无”毕竟是玄乎的，“有”终究是实在的。与其追求玄乎的“无”，不如把握实在的“有”。换句话说，与其千辛万苦寻仙访道，不如痛痛快快做个平凡之人。

第十二章　五色令人目盲

原文

五色①令人目盲，五音②令人耳聋，五味③令人口爽，驰骋（chěng）畋（tián）猎令人心发狂，难得之货令人行妨④。是以圣人为腹不为目，故去彼取此。

注释

①五色：自然界的五种颜色，分别是黄、青、赤、白、黑。

②五音：称五声。最古的音阶，仅用五音，即宫、商、角、微、羽。

③五味：酸、苦、辛、咸、甘。

④行妨：指的是行为损害别人的利益。。

译文

五彩缤纷使人眼花缭乱，嘈杂音调使人耳朵发聋，滋味混淆使人口浊反胃，纵情打猎使人狂躁不安，奇珍异宝使人行为出轨。因此，圣人治理国家，只求吃饱肚子，从不去追求声色之娱，能抛弃物欲的诱惑，而保守内心的安宁和心灵的恬静。

老聃智慧

老子主张纯朴，反对虚华；提倡无欲，斥责多欲。在这个缤纷的世界，许多东西会使人留恋：金钱、权势、美色……追求虚华、放纵欲望，会使人迷失于繁华的世界。

老子的话是有道理的，但在现实生活中，“五色”“五音”“五味”却又是很常见的，且十分令人神往。甚至可以说，如果没有“五色”，生活便没有光彩；如果没有“五音”，生活便没有生气；如果没有“五味”，生活便苦不堪言。正常的享受是需要的，问题是如果太奢侈，或追求虚妄不实的东西，就难免为物所伤、为欲所累。

《拍案惊奇》第十八卷“丹客半黍九还，富翁千金一笑”中，叙述了一个富翁受骗上当的故事，说的就是上面的道理。

一个富翁对炼丹术深信不疑，曾先后多次被人骗去钱财，却始终未能醒悟，依然继续在寻找丹客。有个骗子知道了这个信息，便自称是本事高强的丹客，还串通了一个妓女假扮其妾，设下了一个美人计来骗这个富翁。

富翁自然不知是计。对于炼丹，他一直有“好货”的愿望；对于美女，他也潜在地有“好色”的欲望。而且，这种隐秘的欲望，远比公开的愿望强烈。他在接待骗子冒充的“丹客”时，第一次见到“丹客之妾”，便惊羡其生得美貌，心里便产生了风流的念头。所以当“丹客”说要回家安顿了娇妾，才能跟他去炼丹时，富翁便另有企图地让“丹客”带妾一起去他家。当“丹客”和“丹客之妾”来到富翁家里后，富翁更加清楚地目睹“丹客之妾”的美貌时，他的“好货”之欲已经退居其次，“好色”的欲望上升到了第一位。后来富翁终于“如愿以偿”，勾搭上了“丹客之妾”，这时候他把“好货”的愿望完全抛在脑后，身心全被“好色”的欲望所控制。假扮“丹客’的骗子趁机狠狠敲了他一笔，这时候富翁还宽慰自己："只这一个绝色佳人，受用了几时，也是风流话柄，赏心乐事，不必追悔了。"

富翁的受骗上当实属"愿者上钩'，不值得同情。这个骗局是骗子和妓女共同设计好的，而关键时刻，却都是富翁主动配合，才促成了骗局的进展顺利。最终，富翁因"好货"而引来骗子，因"好色"而堕入美人计中，不仅失去了大笔银子，还被冒充"丹客"的骗子教训了一顿。但富翁受了骗、赔了钱，并不喊"冤枉"。因为他追求已久的"好货"的愿望虽然失败了，但深藏不露的"好色"的欲望却实现了。富翁失去的是他虽然心疼、但并不缺少的钱财，没有得到的是他虽然寻觅、但并不实用的金丹，得到的却是他不便表示、但却真正想要的东西。因此，富翁并不后悔。他的失望很小，而他的满足却很大。

《道德经》中说"去彼取此"。这个富翁，去了"好货"之"彼"，取了"好色"之"此"。各人有各人的价值观，实在也难以苛求统一。

第十三章　宠辱若惊

原文

宠[①]辱若惊，贵[②]大患若身。何谓宠辱若惊？宠为下。得之若惊，失之若惊，是谓宠辱若惊。何谓贵大患若身？吾所以有大患者，为吾有身。及[③]吾无身，吾有何患？故贵以身为天下，若可寄天下；爱[④]以身为天下，若可托天下。

注释

①宠：宠爱，尊崇，引申为荣耀。

②贵：重视、看重。

③及：如果。

④爱：舍不得，不忍心。

译文

受到宠爱和受到侮辱都感到惊慌，重视祸患就像重视自己的身体。什么叫“受到宠爱和受到侮辱都感到惊慌”？受到宠爱的是地位低下的人，得宠觉得惶恐不安，失宠也是惶恐不安，这就叫作“受到宠爱和受到侮辱都感到惊慌”。什么叫“重视祸患就像重视自己的身体”？我之所以会有祸患，是因为我有身体，如果我没有身体，我怎么会有祸患呢？所以只有凭着看重自己身体的观念去治理天下，才可以把天下付托给他；只有凭着爱惜自己身体的观念去治理天下，才可以把天下付托给他。

老聃智慧

人们都熟悉“受宠若惊”这个成语，也都希望能够受宠。但事物总是既有正面，又有负面。宠必有辱，荣必有患。宠辱和荣患，总是联系在一起的。

最早发现这对矛盾，并深刻阐述这个问题的，就是老子。老子说：受到宠爱和侮辱，就如同受到惊恐一般。重视莫大的祸患，就如同珍贵自己的身体一般。

老子所云即是：宠辱和荣患，大可不必看得太重。当你受到荣宠而显贵时，会有人来奉承你；但严格地说，人们奉承的不是你，而是你的峨冠大带。当你失去荣宠而卑贱时，会有人来侮辱你；但严格地说，人们侮辱的不是你，而是你的布衣草鞋。既然人们原本奉承的便不是你，那么受宠显贵时，你也不用得意忘形；既然人们原本侮辱的也不是你，那么失宠卑贱时，你也不用垂头丧气。面对受宠和失宠，保持一样的心态；听到奉承和侮辱，保持一样的风度。这样才能任凭冬去春来，花开花落，无意去留，潇洒过活。

对于宠辱的关系，哲学家颇多思考，文学家也在思考，中外皆然。日本作家芥川龙之介的小说《黄粱梦》，就揭示了这一主题。

当卢生从梦中惊醒时，帮助卢生入梦的吕翁问他：“那末，宠辱之道，穷达之运，你大略尝到滋味了。那好极了，所谓生，和你做的梦，没有几多差异。因此，你对人生的执著、热烈，也就该醒悟了吧？得失之理，生死之情，由此看来，原是无聊的。”但卢生却不愿接受吕翁的劝告，他对宠辱之道的传统观念有不同的看法，所以回答道："就是在梦里，也是想活的。像那个梦苏醒似的，这个梦苏醒的时候也会来吧。在那种时候来到之前，我仍希望像可以称得上真挚地生活那样活着。你不那么想吗？"

吕翁所说的"宠辱之道"，与老子所说的"宠辱若惊"，反映的都是出世思想，告诫世人荣宠难以久恃。许多人认可这种观念，但却不愿接受。因为在人们的意识深处希望能永远享受荣宠。卢生的回答，就很有代表性，反映出人们面对荣宠难以久恃的现实，还是那样肯定与热爱生活。

这样看来，人有时候还是糊涂一点好。明知荣宠难以久恃，可以热爱眼前美好的生活，不必太去顾忌是谁给你荣宠，荣宠失去后又怎么办。就像鱼得水而畅游，但水中之鱼，完全忘乎于水；又像鸟乘风而飞翔，但风中之鸟，完全忘乎于风。或许，它们不是相忘，而是无知。这样看来，有时候无知比相忘更能超乎物累，乐彼天机。因此，与其念念不忘"宠辱若惊"，有时候不如干脆忘了宠辱，甚至连宠辱都不知道，这样岂不是更洒脱吗？

第十四章 视之不见

原文

视之不见名曰夷[①]，听之不闻名曰希[②]，搏[③]之不得名曰微[④]。此三者不可致诘[⑤]，故混而为一。一者，其上不皦，其下不昧。绳绳[⑥]不可名，复归于无物。是谓无状之状、无物之象，是谓惚恍[⑦]。迎之不见其首，随之不见其后。执古之道，以御[⑧]今之有。能知古始，是谓道纪[⑨]。

注释

①夷：表示无形、没有形状。

②希：寂静无声。

③搏：抚摸。

④微：无形。

⑤致诘：表示推问追究。

⑥绳绳：渺茫、幽深。

⑦惚恍：恍惚，形容忽明忽暗，若存若亡。

⑧御：驾驭。

⑨纪：头绪，条理。

译文

看它却看不见，所以把它叫作“夷”；听它却听不到，所以把它叫作“希”；摸它却摸不着，所以把它叫作“微”。这三者的来源，是无法刨根问底的，因为它们本来就混为一体。从上面看“道”，并不是洁白光明的；从下面看“道”，并不是黑暗昏昧的。“道”连续不断，难以给它起个名字，循环往复到虚无的状态。这是一种没有形状的形状，没有物象的物象。这就叫作“惚恍”。迎着它，看不见它的头部；跟随它，看不见它的尾部。掌握自古以来就存在的“道”，用以处理现在所碰到的各种问题。以此可以推知上古之始，这便是“道”的纲纪。

老聃智慧

《道德经》所云之“道”，是哲学的最高范畴。它看不见、听不到、摸不着。然而，它既是指世界的统一原理，又是世界的发展原理。

老子所说的“道”，是超感知的。因为它“无状之状，无物之象”，根本没有物质内容，所以人们分不清它的上下，看不到它的前后，甚至无法给它起一个确切的名字。事实上，名字只是对事物的称谓，是人们约定俗成的；而“道”本身是对客观规律的反映，自然是无法约定俗成的。

《道德经》中所说的“执古之‘道’，以御今之‘有’”，就是要将这精神性的东西——或者说是一种客观规律，运用于社会生活。

蒲松龄在《聊斋志异》中，讲了这样一个故事：

有个人很有钱，许多商贾都向他借贷做生意。有一天这个有钱人外出，有个年轻人跟在他马后跑，一问才知是向他借钱的。于是他带着年轻人一起回了家，正好桌上有钱数千，年轻人即以手叠钱，叠得很高而且不倒。看到这个情景，他对年轻人说：“对不起，我不想借钱给你。”年轻人百般请求，他始终没有答应。当年轻人悻悻地离去后，有人问他：“你为什么突然不想借钱给这个年轻人了？”他回答说：“这个年轻人一定是个赌徒，刚才在不知不觉中，他暴露出叠钱的高超技术，而这种技术是只有惯于赌博的人才会练成。我只借钱给做生意的人，而绝不借钱去给人做赌资。”

这个有钱人是很懂得“道”的，而且善于运用“道”去观察和分析问题。很显然，他是以贷款给人来牟利的。借贷关系，对贷方来说，首要的是了解借方的还贷能力。

这个有钱人虽然靠贷款牟利，但金融意识也是非常强的。他并不肯轻易许诺借钱于人，即使将急于借钱的年轻人带回家中，在正式办理借款手续前，他还是要进行“评估”和“审查”。当然，他毕竟不像现代金融机构那样有完整的调查机制，而是凭自己对“道”的认识，即掌握观察人的规律来辨别借贷对象。

这个有钱人辨别借贷对象，很善于抓住关键。一般来说，人都有伪装的本能，尤其在向别人借钱的这种重要的场合，一般都会注意自己的言行举止。所以这个有钱人并不去盘问年轻人借钱的用途等问题，因为他估计对方早就编好了一套理由来回答自己。他觉得要了解人的真相，应该观察对方不知不觉中未曾理性地加以掩饰的习惯动作。比如这个年轻人在以手叠钱的熟练动作中，就暴露出了一个赌徒的真面目。

在人们有意识地掩饰自己时，习惯动作却往往会使人露出破绽。这个有钱人桌上堆放的钱，也许就是故意放着来考查借贷者的。这个嗜赌成性的年轻人看到钱，便习惯成自然地顺手叠了起来，赌徒的真相也就暴露无遗了。

佛教有个寓言，说的也是习惯动作暴露真实面目的道理。

据说有一只猫，修炼成了人形。人穿衣服它也穿衣服，人照镜子它也照镜子，似乎与人没什么两样。有一天，它与人一起吃饭，一只老鼠穿堂而过，它下意识地一耸身子，猛扑上去，一口就将老鼠咬住了。猫捉老鼠是一个习惯动作，这习惯动作最难克制，从而泄露了猫的行藏。

从赌徒借钱和猫捉老鼠的故事中，我们应该悟出些什么呢？

掌握"道"，就是掌握规律，可以处理形形色色的问题。然而，要真正掌握它，并不是件容易的事，因为它看不见、听不到、摸不着。所谓"执古之'道'，以御今之'有'"，就是要善于将前人成功的经验，作为今天处世为人的借鉴。这样便可以少走弯路、少吃亏。

第十五章 古之善为士者

原文

古之善为士者，微妙玄通，深不可识。夫唯不可识，故强为之容[①]：豫[②]兮，若冬涉川；犹[③]兮，若畏四邻；俨兮，其若客；涣兮，若冰之将释[④]；敦兮，其若朴[⑤]；旷兮，其若谷；混兮，其若浊。孰[⑥]能浊以止，静之徐清？孰能安以久，动之徐生？保此道者不欲盈。夫唯不盈，故能敝而新成。

注释

①容：形容。

②豫：迟疑。

③犹：犹豫、不知所以。

④释：消融。

⑤朴：没有经过雕饰、打磨的玉石。

⑥孰：谁。

译文

古时候，善于行“道’的人，都奥妙通达，幽远深邃得不可认识。由于无法真正认识他，所以只能勉强地形容他：小心谨慎啊，他如同在冬天过河。疑虑犹豫啊，他如同在警惕邻国的围攻。严肃恭敬啊，他如同宾客。涣涣散散啊，他如同快要融化的冰块。敦厚忠实啊，他如同不加雕饰的朴玉。空旷宽阔啊，他如同山谷。浑浑沉沉啊，他如同混浊的水。怎样才能使混浊的水静下来，慢慢地澄清？怎样才能使安稳的东西不停地动起来，渐渐地生长？保持这个“道”的人，不会去追求欲望的满足。正因为如此，所以能安守现状，不去搞什么新花样。

老聃智慧

老子认为，“道”是不容易被一般人所认识、所理解、所接受的。因为“道”是微妙、深远、神秘的，所以不知道到底如何来形容它才好。老子通常不太相信“耳目之实”的感觉经验，而且否定学问思辨的理性思维。这样一来，“道”便显得“玄之又玄”，“善为‘道’者”便显得神乎其神了。

《道德经》对善为“道”者的肯定，说到底，是因其不去追求欲望的满足，安于现状。欲望是多种多样的，常见的有利欲、势欲、权欲、情欲、性欲等。老子是充满智慧的，他深知，一个人如果过分追求欲望的满足，心智就会被蒙蔽而无法发挥其作用。所以，只有不为名、利、权、势、情等所诱，才能使自己心如明镜，保持清醒。

元代许衡有一次在酷暑天赶路，口渴难忍，正巧路边有一棵梨树，随行的人都争先恐后地摘梨解渴，只有许衡一人端坐一旁，神态安然。有人问他为什么不摘梨吃，他回答说：“梨不属于我，怎么能随便拿来吃呢？”那人便说：“现在世道大乱，梨树无主，摘来吃有什么关系呢？”许衡则回答：“梨树无主，我的心也能没主吗？”

在口渴难忍之时，人最大的欲望莫过于获得解渴之物了。路边的梨树无人看管，人们尽可以摘来解渴，而许衡却不为所动。在烈日下抑制住强烈的解渴的欲望，非有坚定的意志和高尚的情操，是办不到的。尽管世道兵荒马乱，尽管世人追名逐利，许衡却能守住自己的方寸之地。“梨树无主，我的心也能没主吗？”说得多好！充分显示出老子所说的那种不去追求欲望的满足，安于现状的高尚品格。

但如果欲望总是不满，不仅会让人无法修身正心，有时候还会送掉性命，典型的如殷纣王。纣王是个暴君，他最终的亡国和被杀固然有许多原因，其中很重要的一条，正是因为他永远不能满足的情欲。

富于讽刺意味的是，在《武王伐纣平话》中，周武王攻克殷都，生擒纣王，在历数了封王十大罪状后，宣布将他处以极刑。对于封王的行刑非常顺利，但对于助封为虐的妲己的行刑却很不顺当。《武王伐纣平话》是这样描写的：

二声鼓响，于小白旗下，刽子手待斩妲己。妲己回首戏刽子，用千娇百媚妖眼戏之，刽子坠刀于地，不忍杀之。太公大怒，令教斩了刽子，又教一刽子去斩。刽子持刀待斩妲己，妲己回首戏刽子。刽子见千娇百媚，刽子又坠刀落地，不忍斩之。太公大怒，又斩了刽子。

这两个刽子手都死得好冤枉，又死得好应该！之所以冤枉，是因为他们并非妲己同党，只是为其美色所诱，不忍将屠刀砍向这个千娇百媚的女人。之所以应该，是因为他们身为执法之人，明知妲己是罪该万死的犯人，却“坠刀落地”，导致行刑失败，使自己成了法律的罪人。两个刽子手之所以会不忍下杀手，因为在他们的潜意识中都有好色的欲望，再加上妲己用“妖眼戏之”，所以他们头脑中的法律意识及道德、理智都在美色面前崩溃了。最有意思的是对于妲己第三次行刑场面的描写：

有殷交来奏武王：“臣启陛下，小臣乞斩妲己。”武王：“依卿所奏。”殷交用练扎了面目，不见妖容，被殷交用手举斧，去妲己项上中一斧。

这个自告奋勇上场行刑之人，就是先前顺利地“一斧斩了纣王”的殷交。他与妲己有杀母之仇，两者不共戴天，所以关键时刻挺身而出。然而，面对千娇百媚的妲己，即使是殷交这样一位充满复仇欲念的人，也对是否能抵挡住美色的诱惑缺乏信心。因此，他在行刑前用布蒙住双眼，所谓“不见所欲，不乱其心”，最终总算将妲己杀了。

人的理智往往会被欲望所控制，而最难逃开的又是情欲、色欲、性欲的束缚。这是“人性的枷锁”，能让受其摆布的人们，暂时置死亡于不顾。

所以《道德经》说：“保此‘道’者，不欲盈。夫唯不盈，故能蔽，不新成。”因为不去追求欲望的满足，也就挣脱了“人性的枷锁”，理智占了上风，就不会去做傻事了。

第十六章　致虚极

原文

致虚极，守静笃。万物并作，吾以观其复。夫物芸芸[①]，各复归其根[②]。归根曰静，是谓复命[③]。复命曰常[④]，知常曰明。不知常，妄作，凶。知常容[⑤]，容乃公[⑥]。公乃全[⑦]，全乃天，天乃道，道乃久，没身不殆。

注释

①芸芸：草木繁盛的样子。

②根：根源、本源。

③复命：回归到原有的本性。

④常：事物运动的法则、规律。

⑤容：包容、包含。

⑥公：公正。

⑦全：普天之下无所不包。

译文

最高的准则是达到空虚的境界，最重要的规范是保持清醒。万物在不断地诞生、成长，我要观察它们的循环往复。万物虽然繁多，但都会分别回复到它的根源。回复到根源，这叫作“静”，“静”就是“复命”。“复命”，这叫作“常道”。认识“常道”，就明白事理。不认识“常道”，就会轻举妄动，难免遭到凶灾。认识“常道”，才能包容万物。包容万物才能公正，公正才能统治天下，统治天下才能效法自然，效法自然才能符合“道”，符合“道”才能长治久安。只有这样，终身才不会有危险困厄。

老聃智慧

老子认为，“虚”“静”是宇宙的第一原理，强调宇宙是从“静”（“道”）产生“动”（万物），而“动”又会复归于“静”。“静”—“动”—“静”，不停地循环往复，是一个万物出于“道”，而又复归于“道”的过程。这个过程虽然复杂，不过只要有破的方法，使心灵达到虚寂的顶点，就能静观其反复，从而认识“常道”，获得真正的智慧。

那么，如何才能达到老子所说的空虚的境界，怎样才能永远保持清醒的头脑呢？如今商品大潮汹涌澎湃，有几个人能静下心来，细细观察万物的循环往复呢？能做到这一步的，当然是得“道”之士。得“道”之士也许寂寞一生，而趋炎附势者却会凄凉百世。前者受人崇敬，后者遭人唾骂。所以有远见、有德操的人，观物外之物，思身后之身，大多宁可受一生之寂寞，也不愿取凄凉于百世。

当然，品德高尚、大有作为的人，未必会寂寞，甚至也不需要禁欲。人的天性也是一种自然，如果压抑人性，便就违背了自然，也就与“道”不相符了。

清代袁枚所著《子不语》中有一个“沙弥思老虎”的故事，说的就是人性被压抑而又压抑不住的道理。

有个小孩三岁时便皈依佛门，做了小沙弥，跟着师父念经拜佛，十分虔诚。他从小足不出寺，对世俗生活是完全陌生的，甚至连牛、马、鸡、犬都不认识。

长大后，有一天师父要带他下山，小沙弥很高兴。外面的一切对他来说，都是新鲜的。当他们来到城里，小沙弥突然看到一个年轻女子，便吃惊地问师父："这是何物？"师父恐怕他见色心动，就一本正经地对他说："这叫作'老虎'，人靠近它，就会被它吃掉，连尸骨都不会留下。"

傍晚回到寺庙，小沙弥神思恍惚，做什么事都打不起精神来。师父看他这样子，便笑着问道："你是不是在想白天的事？"小沙弥回答："别的我什么都不想，只想那吃人的老虎，心中总是觉得舍它不下。"

师父听了小沙弥的话，心中吃惊不小，不知怎样才能打消他这一念头。

小沙弥初出山门，刚涉人事，遇到了年轻女子，自然难以忘怀。这是他的性在朦朦胧胧地觉醒，要压制是不行的。他的师父也许不懂得，也许不愿承认，性是一种自然现象，是任何正常人都无法回避的。小沙弥久在佛门，不省人事，但随着生理和心理的成熟，性总是会觉醒的。入县城见到年轻女子，只是一个契机而已。

效法自然，包括对人的自然本性也不容回避。遏制性欲是不科学、不人道的，是违背自然法则的。当然，我们在鞭笞冷酷、虚妄的禁欲主义的同时，也要对性欲有所节制，切莫误入"性自由""性解放"的死胡同。"知'常'曰明。不知'常'，妄作，凶。"这是老子的告诫，我们要永远记住。

第十七章 太上

原文

太上[1]，下知有之；其次，亲而誉之；其次，畏之；其下，侮[2]之。信不足焉，安有不信。悠兮其贵[3]言，功成事遂，而百姓皆谓我自然。

注释

①太上：指最高明的君王。

②侮：蔑视、轻视。

③贵：轻易不开口。

译文

最高明的君王，臣民只知道有他的存在；次一等的君王，臣民亲近而又赞颂他；再次一等的君王，臣民对他都十分害怕；最下等的君王，臣民都要辱骂他。君王不讲信用，臣民就会对他不信任。最高明的君王看上去很悠闲，轻易不开口，说话都经过深思熟虑。当事情成功了，黎民百姓便会说，这是符合自然法则的。

老聃智慧

老子历来强调“无为而治”。他所崇尚的君王，居无为之事，行不言之教，天下在潜移默化中归顺。如果君王不能居无为之事、行不言之教，便要立善行施，使臣民感到亲切。如果君王不能施恩行仁，便要拥有权威，使臣民感到畏惧。如果君王没有权威，便要施展智术，使臣民不得不服从政令。

老子对最高统治者治理天下的方法、成败、得失一一作了评价，他对治理国家是很有一套独到见解的。

历史上，老子所崇尚的最高明的君王，事实上是并不存在的。让臣民赞颂并愿意为他卖命的君王，倒是有一些。比如《淮南子·汜论训》中，有这样一段记载：

有一次，秦穆公外出，半路上车子坏了。修车时，拉车的马中有一匹跑丢了，后被当地乡民牵走了。秦穆公一路追寻而来，看见这批乡民把自己的马杀了，而且正在吃马肉。秦穆公不仅没对他们发火，反而上前对他们说："吃了马的肉，一定要再喝一点酒，不然的话会伤身体的，我赶来就是为了告诉你们这些。"最后，他看着所有的人都喝了酒才离开。

一年之后，秦穆公和晋惠公在韩原打仗。晋军包围了秦穆公的车子，拉车的马匹也被晋将牵住，形势非常危急。在这紧要关头，一年前那批吃马肉的乡民，共三百多人，个个奋勇当先，围着秦穆公的车子拼命杀敌，不仅解了秦穆公的围，还使秦军大胜而回。

秦穆公死里逃生，是因为有这三百多乡民为他冒死拼杀。而这些乡民之所以肯这样卖命，正是因为他们感谢秦穆公一年前的不杀之恩和真诚关怀。

由此可见，秦穆公之所以能够成为"春秋五霸"之一绝非偶然。如果面对分吃马肉的乡民，他教训一番，或许乡民们根本无动于衷，毕竟法难责众。所以秦穆公便顺水推舟，作出关心他们的样子。乡民是质朴的，指责也许会引起他们的反感，而关心却会让他们知恩图报，从而演出了一年后拼死救秦穆公的那一幕。

诸如秦穆公这样的君王，历史上还有很多。

魏国田子方怜惜一匹老战马，将它买回来养老送终。魏国的老军人知道后，纷纷归顺于他。齐庄公有一次出去打猎，看见螳螂挡车，爱惜它虽然不自量力，但却勇武有余，便回车避让。齐国的勇士得知后，都甘心为齐庄公效力致死。越王勾践驱车出行，一只青蛙气鼓鼓地挡在大道上，勾践便在车中起身向青蛙俯首致意，赞扬它的勇气。越国军民听说此事，纷纷表示愿为越王效命，并最终一举消灭了吴国。

历史上被臣民赞颂和愿意为之效命听姓确实不少，但真正能让臣民亲近起来的君王却几乎没有。唐太宗李世民，称得上是中国历史上屈指可数的明主，但在封建专制制度下，有时也会滥用至高无上的皇权，做出一些荒唐的事情来。比如，《唐鉴》中便有这样的记载：

有一天退朝后，唐太宗忽然萌生了下棋消遣的念头。他听说吏部尚书唐俭棋艺最精，于是便命黄门去永嘉坊宣唐俭火速入宫。面对唐太宗的邀战，唐俭只得正襟危坐，被动应战。

刚开始，唐俭不敢放开手脚，有意让唐太宗几分。但攻守到酣处，他便不知不觉进入了棋手的角色，忘了君臣之分，大胆地夺杀起来。唐太宗被他杀得逐渐手忙脚乱，脸上渐有不悦之色。他绞尽脑汁，总算想出一着妙棋，不料又被唐俭随手堵死。唐太宗不快地说："这是朕的棋道，你往别处下子去！"唐俭却不识相地说："微臣有微臣的棋道，万岁也不能干涉啊！"

唐太宗见唐俭竟敢顶撞，勃然大怒，大声训斥了他一番，然后怒气冲冲地拂袖而去。唐太宗怒气不消，随即下诏将唐俭逐出京畿，贬官潭州。但还是有些不解气，又命大将军尉迟恭去查唐俭有无做过不法的事，如果查实，就要杀了他。尉迟恭跟随唐太宗多年，深知在他盛怒之下不便进谏，只得含糊地答应下来。

随后几日，唐太宗一直在追问尉迟恭有无查到唐俭犯法的证据，尉迟恭一直说没有。唐太宗虽然十分生气，但等他冷静下来之后，终于意识到这件事自己处理得不对。最终，唐俭保住了性命，而尉迟恭则因“忠直”而获得一千匹锦缎的奖赏。

由这个故事可以看出，像老子所说的臣民敢于亲近的君王，确实几乎是没有的。

第十八章　大道废

原文

大道废，有仁义；智慧出，有大伪①；六亲②不和，有孝慈；国家昏乱，有忠臣。

注释

①伪：伪诈、虚伪。

②六亲：父、母、兄、弟、妻、子；亦有其他说法。

译文

大“道”废弃了，于是就有了“仁义”。智慧出现了，于是就有了奸诈虚伪。父子、兄弟、夫妻“六亲”不和睦了，于是就有了孝慈。国家混乱了，于是就有了忠臣。

老聃智慧

老子对于儒家空谈“仁义”是很有看法的。他认为，在当时的社会制度下，如果按照儒家所说的那样恢复周礼，反倒会出现混乱的局面。

林语堂曾说：“仁的本义应当是他（即人）的纯乎本然的状态。”“仁”讲究的是，人与人之间要互相了解、互相谅解，所谓“将心比心，推己及人”；更要遵循“己所不欲，毋施于人”的原则。

孟子认为：“仁，人心也。”又说：“恻隐之心，仁也。”这都明确表明，“仁”是一种心态。而“仁”的对象，则是人本身。《吕氏春秋》就有这样的说法：“仁于他物，不仁于人不得为仁。不仁于他物，独仁于人，犹若为仁。仁也者，仁乎其类也。”

《孟子·梁惠王上》提出了“君子远庖厨”的命题：

有一天，齐宣王看见有人牵着牛在殿下走过，就问他牵牛去干什么，那人说准备宰了它祭钟。齐宣王看到那头牛吓得哆哆嗦嗦直发抖，心有不忍，就让那人将牛放了，宰只羊来祭钟。此事传开后，有人使说齐宣王吝啬，舍不得大牛才换了只小羊。齐宣王自己也搞不清楚，宰牛和宰羊有什么区别，为什么宰牛自己会于心不忍，宰羊自己却一点也不在意。

齐宣王见到孟子时，便将这件事向他请教。孟子回答：“这是‘仁’的表现，因为大王看到牛而没有看到羊。君子对于禽兽，看到它活着，就不忍心看到它死去；曾见过它生龙活虎的样子，就不忍心吃它的肉。所以，君子远庖厨。”

孟子“君子远庖厨”的命题，受到后人的批评：君子既要吃动物的肉，就难免要杀生，却又假装仁慈不忍杀生；不忍杀生也罢了，却仅仅是“远庖厨”，眼不见为净，然后再心安理得地吃动物的肉。这是不是假仁假义呢？孟子认为不是。因为“远庖厨”是不忍，肉要吃，不忍之心也要有。不忍不是对动物的不忍，而是自己心中的不忍。齐宣王亲眼目睹牛哆哆嗦嗦的样子，所以不忍心杀它；他没有见到羊，自然就对羊没什么恻隐之心了。

“仁义”的对象是人，但并不能对任何人都讲“仁义’。韩非就曾批评周文王，不管具体情况乱讲“仁义”。

据说周文王曾请求以洛西和赤壤的千里之地献给纣王，条件是请纣王废除炮烙之刑，结果周文王此举大得人心。孔子对周文王的这一做法也十分赞赏，认为请求废除炮烙之刑是仁，以千里之地换取天下之心是智。但韩非却有相反的看法，认为周文王非常不智。因为纣王之所以憎恨文王，就是他太得人心。而文王不知趣地再以请求废除炮烙之刑来收买人心，就更会引起封王的疑心和反感。可以这样说，文王之所以逃脱不了被囚的厄运，正是由于他不懂得纣王已不想让他再行仁义了。

行“仁义”最不考虑对象、情境等条件的，就是宋襄公了。

春秋时，宋襄公也曾争霸中原。有一次，他和楚成王在乱水打起仗来。当时，宋军兵力弱，但已经列好阵势；楚军人马多，但还没有全部渡过河。宋襄公的弟弟目夷建议，趁楚军渡河一半相互不能接应之际，赶快发动进攻，宋襄公不采纳。楚军刚渡过河，还没有布好阵势时，目夷又提议立刻进攻，宋襄公还是不同意。直到楚军摆好了阵势，宋襄公才命令进攻，结果寡不敌众，大败而回，他的大腿也受了伤。

回国后，宋国上下都埋怨宋襄公。他却宣称：“仁义的君子不使对方受困于危难之时，不攻击还没列好队形的敌军。”

这真是“蠢猪式的仁义道德”！不顾场合、不分对象、不计利害地侈谈“仁义”，其效果只能是适得其反。

所以说，“仁”必须与“智’相结合，才能在复杂的社会生活中发挥作用。“仁”并非仅仅是宽厚，更不是懦弱，有时甚至应该表现为大智大勇。如孔子的“知其不可而为之”，就是勇于肩负道义的仁人志士本色。

我想，老子说的“大‘道’废，有仁义”，既是对“无为而治”的大“道”被废弃的惋惜，也是对没有真正的“仁义”的失望吧。

第十九章　绝圣弃智

原文

绝圣[①]弃智，民利百倍；绝仁弃义，民复孝慈；绝巧弃利，盗贼无有。此三者以为文[②]不足，故令有所属：见素[③]抱朴[④]，少私寡欲。绝学[⑤]无忧。

注释

①圣：通达，聪明、圣明。

②文；政治法度。

③素：没有经过织染的丝。

④朴：尚未加工的木料。

⑤绝学：指废弃圣智仁义的学问。

译文

废弃通达的智慧和渊博的知识，百姓才会获得百倍的利益。废弃仁义，百姓才能恢复孝慈。废弃巧诈和私利，才会没有盗贼。这三点，作为政治法度尚不够，所以还要使百姓知所归属。保持纯朴，减少私欲，放弃学问，才会没有忧虑。

老聃智慧

老子是一个不合潮流者，他对当时儒、法、墨诸三家的主张皆有微词。“圣”“智”是人们所崇仰的天才，“仁”“义”是人们所赞颂的品德，“绝”“巧”是人们所欣赏的才能，他都不屑一顾，甚至认为应该“绝弃”。他崇尚的是朴实、无华，提倡的是少私、寡欲。

老子看问题的视角与众不同。他之所以要废弃“圣”“智”“仁”“义”“巧”“利”，是因为觉得，如果用这些来治理天下是不够的。

老子认为立身处世，一定要把握“道”。但他将学习知识和认识“道”、把握“道”分隔开来，作为两种认识方式来对待。老子的观点是：学习知识是一个不断积累的过程，而认识“道”、把握“道”则是一种神秘主义的直观，既无须感觉经验，也不靠理性思维。“绝学无忧”，就是他这种认识论的集中反映。

老子不太欣赏才华横溢的人，这与儒家的观点完全不同。孟子把“尊贤使能，俊杰在位”列为“无敌于天下”的五原则之首；荀子也把“敬贤”“贵贤”看作王霸之业存亡之道所系。而老子则提倡朴实无华，希望人们“少私寡欲”。

做到“少私寡欲”，人便正直、不贪。《韩非子·喻老》有这样一段记载：

宋国有一个小民得到一块美玉，便将它献给了子罕，可是子罕却不接受。这个小民说：“先生，这可是一块稀世珍宝啊，这样的稀世珍宝应是配你们这些正人君子的器物，而不是我们这些小民所能拥有的。”子罕答道：“你把这块玉当成宝贝，但我却不认为它是个宝贝呀。”

一般来说，人们对美好而贵重的东西，都会产生一种急于想占有的欲望。一块美玉放在面前，怎么不让人动心呢？子罕没有开口向人索要，是人家主动送上门来的，照理说收下也是理所应当的事，但他却没有这样做。他不是不知道这块玉是宝贝，但他更知道收下美玉，就是一种贪心，而他是将“不贪”当作宝的，所以怎么肯因此舍弃这个宝而去要区区一块玉呢？子罕是一个真正懂得自重自爱的人，是一个像老子所赞赏的少私寡欲的人。

老子希望人们“见素抱朴，少私寡欲”，是因为他深知人的欲望是永无止境的。古人云：“天下熙熙，皆为利来；天下攘攘，皆为利往。”这种说法未必十分准确，但不可否认，很多人生来确实只是为了做利欲的奴隶，在它的驱使下永远忙忙碌碌。其实，人生如果只为满足欲望而活着，那么是永远满足不了的。因为即使满足了一种欲望，就会有十种欲望受到压制，又会有百种欲望随之产生……

现在是商品社会，物欲横流，很多人都因挡不住金钱、财物的引诱而陷入泥潭，难以自拔。个别曾在战争年代中冲锋陷阵的老将，而今倒在了糖衣炮弹下；有些初出茅庐的小将，亦禁不住物质财富的诱惑而误入歧途。这不禁让人联想到明代洪应明在《菜根谭》中的一席话：“人只一念贪私，便销刚为柔，塞智为昏，变思为惨，染洁为污，坏了一生人品。故古人以不贪为宝，所以度得一世。”这真是金玉良言，我们不妨“古为今用”，杜绝贪心，使自己越来越高尚、纯洁、朴实。

倘若有人为了满足欲望而劳碌，为了欲望未能满足而烦恼，那么就活得太愚蠢、太辛苦、太疲累了。只有窥破利害、少私寡欲、知足长乐的人，才是真正的聪明人，才能活得轻松、潇洒。

第二十章　唯之与阿

原文

唯[1]之与阿，相去几何？美之与恶，相去若何？人之所畏，不可不畏。荒[2]兮，其未央哉！众人熙熙[3]，如享[4]太牢[5]，如春登台[6]。我独泊[7]兮，其未兆[8]；沌沌[9]兮，如婴儿之未孩[10]；累累[11]兮，若无所归。众人皆有馀，而我独若遗[12]。我愚人之心也哉！众人昭昭[13]，我独昏昏[14]。众人察察[15]，我独闷闷[16]。澹[17]兮其若海，飘[18]兮其若无所止。众人皆有以[19]，而我独顽[20]似鄙。我欲独异于人，而贵食母。

注释

①唯：指恭敬应诺的声音。

②荒：广漠辽阔。

③熙熙：欢喜、高兴的样子。

④享：指吃的意思。

⑤太牢：古代帝王诸侯祭祀社稷时，牛、羊、猪三牲齐备的筵席。

⑥如春登台：就像春天登高远望一样（心旷神怡）。

⑦泊：淡泊，恬静。

⑧兆：征兆，迹象。

⑨沌沌：混沌无知的样子。

⑩孩：同“咳”，婴儿的笑声。

⑪累累：疲累，闲散。

⑫遗：缺少，不足。

⑬昭昭：清醒，精明。

⑭昏昏：昏昧，糊涂。

⑮察察：明辨事理。

⑯闷闷：蒙陇闭塞。

⑰澹：恬静，安宁、安详。

⑱飘：飘忽不定。

⑲以：用，作为。

⑳顽：冥顽无知、不开窍。

译文

答应与喝叱，两者有多少差别呢？善良与凶恶，两者有多少区别呢？人们所畏惧的，我也不能不畏惧。它们是恍恍惚惚的，显得漫无边际！人们都高高兴兴的样子，就像在享受帝王举行的盛大的祭礼，又像在明媚的春光中登上台阁游玩。只有我却对一切都很淡漠，什么也不关心，如同还不会哭的婴儿。疲劳而无精打采，就像没有归宿那样。人们都有富余，而唯独我好像少了什么似的。我是愚人的脑袋瓜，愚蠢得很啊！世人都很精明，唯独我十分糊涂。世人都很清醒，唯独我蒙晚闭塞。恬静安宁啊，就像茫茫大海；飘飘忽忽啊，就像没有目标。人们都有所作为，唯独我冥顽无能。我与人们的不同之处，就是注重得到万物之母——“道”。

老聃智慧

在常人的眼里，聪明与愚蠢、善良与凶恶等，都分得清清楚楚，而老子却对这一切毫不在意，并认为它们之间并没多少差别。他所寻求的是“道”——因为它是万物之母，是一切事物的本源。这种独特的思维方式，当然要高出常人许多。明代洪应明也是一位智者，深得《道德经》的精髓，他在所著的《菜根谭》中，就有这样一番妙语：“人人有个大慈悲，维摩屠刽无二心也；处处有种真趣味，金屋茅檐非两地也。只是欲蔽情封，当面错过，便咫尺千里矣。”

人们很喜欢用一个词，叫作“比较”，用以考察两种或两种以上事物间的异同。人们用比较来分辨是非、善恶、美丑、优劣、高低等等，还用比较来劝谏、告诫他人。比如，汉代刘向所著《新序·刺奢》中，便有这样一个记载：

赵襄子连续五天五夜纵酒狂饮，还得意洋洋地说：“我真是一流酒将，连喝五昼夜酒，一点儿事也没有。”有个叫莫的优伶听了此话，应声说道：“您还得再加把劲儿呢，因为您还不及纣王。纣王连续七天七夜豪饮，您现在才饮了五天五夜，比纣王还少两昼夜啊！”赵襄子听出了这个优伶的弦外之音，纣王是商朝的亡国之君，荒淫无道，自己怎么能像他那样呢？于是他十分担忧地问优伶莫：“我会像纣王那样灭亡吗？”优伶莫肯定地回答：“不会亡。”赵襄子又问：“我狂饮只差纣王两天，怎么会不亡呢？”优伶莫回答：“您虽像商纣，但如今天下全都是夏桀一般的人物，堪称桀、纣并世，绝不致于互相灭亡。”

在这里，优伶莫将所有醉生梦死的统治者，都看成夏桀、商纣，没有什么差别。这种比较，点出了在人民头上作威作福的统治者的共性：搜刮民脂民膏，自己用以挥霍，又害怕自取灭亡。

司马迁在《史记·殷本纪》中评述：

帝纣资辨捷疾……知足以拒谏，言足以饰非，矜人臣以能，高天下为声，以为皆出己之下，好酒淫乐。

看来，纣王除了残暴、荒淫的一面，也有聪明、能干的一面。所以他不同于一般的亡国昏君，而是一个自负的暴君。他根本不懂治国之“道”，最终身败名裂，为历史所唾弃。

想想历史，看看现实，我们不能不钦佩老子的高明：他与众人的不同之处，就是不去追求表象的聪明、清醒，而是注重得到万物之母——“道”。

第二十一章　孔德之容

原文

孔[①]德之容[②]，惟道是从。道之为物，惟恍惟惚[③]。惚兮恍兮，其中有象[④]；恍兮惚兮，其中有物；窈[⑤]兮冥[⑥]兮，其中有精[⑦]。其精甚真，其中有信[⑧]。自今及古，其名不去，以阅[⑨]众甫。吾何以知众甫之状哉？以此。

注释

①孔：大，能被人所接受的。

②容：动作，表现。

③惟恍惟惚：茫然，不清楚，遇事不知所措。

④象：形象，有形的。

⑤窈：通“幽”，深远幽暗。

⑥冥：暗昧不明。

⑦精：细微的、精细物质成分。

⑧信：可以证实的可信的东西。

⑨阅：观察，认识，审视。

译文

大“德”的表现，只是对“道”的服从。“道”是什么呢？它恍恍惚惚。恍恍惚惚呵，其中有形象；恍恍惚惚呵，其中有物质。深远幽暗呵，其中有精气；这精气颇为真实，其中有具体内容。从古到今，“道”之名不会消逝，以此证明它是万物的开端。我怎么会清楚万物产生的原因呢？凭的就是这个“道”。

老聃智慧

老子以他敏锐的眼光，看到了万物的本源——“道”。他发现“道”无形不可系，便有“恍惚之叹；他觉得“道”深远不可得，便有“窈冥”之叹。但他毕竟还是能认识“道”、把握“道”的，因为他有非同常人的智慧。

老子强调“德”要服从于“道”，从而将“德”与“道”合为一个整体。古时候，“德”字与“得”相通。学“道”而得“道”，就是有“德”。《周易》说的“君子进德修业”以及《尚书·盘庚》说的“汝克黜乃心，施实德于民”，则都将“德”看作是“道德”。唐宋以后，“德”又与个人的修炼密切结合。司马承祯说：“神与道合，谓之得道。”道教认为，众生都能够修“道”成仙。并从这个观念出发，在内丹修炼方面，探寻各种得“道”的捷径。《上阳子金丹大要》有一篇《道德经转语》这样说道：“得与失兮两不差，形容到了本无侍。真人之德配天地，只在环中非外求。”

古人重视养生之道，而其中最重要的就是品德修养。比如晋代著名学者葛洪，就在《抱朴子·微旨》中强调：

欲求长生者，必欲积善之功，慈心于物，恕己及人，仁逮昆虫，乐人之吉，愍人之苦，赒人之急，救人之穷，手不伤生，口不劝祸，见人之得如己之得，见人之失如己之失，不自贵，不自誉，不嫉妒胜己，不按饹阴贼，如此乃为有“德”，受福于天。

葛洪的话很有道理。积善立功，必定要常做好事，以社会道德规范约束自己。反之，便是对自己行为的不负责。这种修炼必须是积极向上的、有益的、合乎科学原理的。一个道德品格高尚的人，必定心胸开阔，毫无私欲，饮食甜美，寝卧安稳，自然能延年益寿。而思想品德不良的人，必定心胸狭窄，损人利己，干了坏事，提心吊胆，自然损性折寿。所以说，要延年益寿，必须身心康宁，修善积德。

有一句大家都熟悉的成语叫作“德高望重”。“德望”是指人的德行和名望。人们习惯上将“德”按态度区分为“阴德”和“阳德”两类。所谓“阴德”，是指个人不被他人所知道的德行；所谓“阳德“，是指个人被大家了解的德行。古时提倡“阴德”密惠，“大以及于人，小以及于物，修身积德。”《列女传》中记载了这样一个故事：

孙叔敖小时候有一次外出游玩，路上看见一条两头蛇，便把它杀了，埋在土里。回到家中，他看到母亲，忍不住哭了。母亲问他缘故，他说：“我听说看见两头蛇者便会死去，今天我见到了一条两头蛇，大概不久就会死了。”母亲问：“现在这条蛇在哪里？”孙叔敖问答：“我怕别人再见到它，就把这条蛇杀死埋掉了。”母亲笑着说：“你不会死的。有阴德者阳报之，德能够胜不祥，仁可以除百祸。”

人们常说：“市私恩不如扶公议，结新知不如敦旧好，立荣名不如种阴德，尚奇节不如谨庸行。”可见“阴德”比“荣名”更为重要。通俗地说，就是默默无闻地多做好事，不超越“道”的准则。诚如《道德经》所云：“孔‘德’之容，惟‘道’是从。”

第二十二章　曲则全

原文

“曲[①]则全[②]，枉[③]则直；洼[④]则盈，敝则新；少则得，多则惑[⑤]。是以圣人抱一为天下式[⑥]。不自见[⑦]，故明；不自是，故彰；不自伐[⑧]，故有功；不自矜[⑨]，故长。夫唯不争，故天下莫能与之争。古之所谓“曲则全”者，岂虚言哉？诚全而归之。

注释

①曲：委曲、曲折。

②全：保全、固守。

③枉：屈就。

④洼：低凹处。

⑤惑：迷惑，使……疑惑。

⑥式：法式，模式。

⑦自见：炫耀、表现自己；俗称出风头。

⑧伐：夸耀。

⑨矜：骄傲，自大。

译文

委曲反而能保全，屈就反而能伸直；低凹反而能盈满，凋敝反而能新生；少要反而能得到，太多反而会迷惑。圣人因为掌握了这一原则，所以把它作为治理天下的模式。不去自我表现，所以是明智的；不曾自以为是，所以是清醒的；不想自我夸耀，所以才能成功；不敢骄傲自大，所以能够长进。由于他从不和人争高低，所以天下谁也争不过他。古人所说的“曲则全”，难道是随便说说的吗！实际上能看得全面的，就是依据这个道理。

老聃智慧

老子清醒地看到，万物虽都由“道”产生，但它们各有特性，并有向相反方向转化的规律。“道”虽然不能用普通的语言和概念来表达，但也并非完全不能表达。老子认为，要确切地表达“反者道之动”的发展法则，就应该采用“正言若反”的方式。

老子以辩证法分析问题，对事物就能看得透彻。其实，“水满则溢，月满则亏”的道理谁都懂，但做起来就不容易了。明知饭吃七分饱为好，但面对满桌佳肴，就会忘了一切地敞开肚皮吃个饱。明知该“得饶人处且饶人”，却往往又得理不让人。人通常都有表现欲，这真是一个致命的弱点！韩信被擒，是因为勇略震主；陆机遭杀，是因为才名冠世；霍光惨败，是因为权倾于朝；石崇身亡，是因为富可敌国……这些名人，都太爱表现自己，这是很不明智的。当他们表现到一定程度时，就会遭到打击，成功就会转变为失败。《菜根谭》里说得好：“老来疾病，都是壮时做的；衰时罪孽，都是盛时招的。故持盈履满，君子尤兢兢焉。”

老子看出，人们爱表现自己，是受好胜心的驱使，所以时时处处想与人争个高低，这往往是导致失败的原因。他认为："夫唯不争，故天下莫能与之争。"这也许是消极的，但又是聪明的、合理的。不争，不是一事无成，而是不争一日之长。俗话说："留得青山在，不怕没柴烧"，当条件成熟时，就可争得想要的一切。所谓"规小节者不能成荣名，恶小耻者不能立大功"说得就是这个道理。如果不能冲破小节的束缚，不能忍受暂时的耻辱，就不能建立功勋，就无法成就大业。

《史记》记载：

春秋时代鲁国大将曹沫，三次领兵出战齐国都失败了，鲁国因此割让出五百多里的国土，朝野上下一片指责之声。然而曹沫却镇静自若，率领败兵回国，与鲁桓公商议夺回失去的国土的计划。后来，齐桓公召集天下诸侯会盟，鲁国也参加了。曹沫抓住机会，手持一把利剑，在坛站上抵住齐桓公的心口。他没有把齐桓公当人质要挟，而是正气凛然地侃侃陈辞，诸侯为之动容。结果，三次战败失去的土地，一下子全部被要了回来。曹沫当时所表现出来的大智大勇，不仅震慑住了"霸主"齐桓公，同时也震慑住了在场所有的人。他们在惊骇之余，又不得不对他的行动表示赞叹。

曹沫的聪明，就在于不争一日之长短，从长计议，所谓"君子报仇，十年未晚"，关键时刻，挺身而出，在天下人面前要回了鲁国的失土，也挽回了自己的面子，洗去了昔日的耻辱。

我们要记住老子的话，时常想到事物是在发展的，矛盾的对立面是会相互转化的。"曲则全"的道理，够我们品味一辈子。

第二十三章　希言自然

原文

希言①自然。飘风②不终朝，骤雨③不终日。孰为此者？天地。天地尚不能久，而况于人乎？故从事于道者同于道，德者同于德，失者同于失。故同于道者，道亦得之；同于失者，道亦失之。信不足焉，有不信焉。

注释

①希言：少说话。

②飘风：狂风。

③骤雨：暴雨。

译文

很少言政令是合乎自然规律的。所以狂风刮不了一早晨，暴雨下不了一整天。是谁造成这一切的呢？是天地。天地尚且不能长久，又何况人呢？因此，从事于“道”的人，就与“道”相合；从事于“德”的人，就与“德”相合；失道失德的人，就会丧失所有。与“道”一致的人，民愿意得到他；与“德”一致的人，德也愿意得到他；与失“道”、失“德”相同的人，就会承受失“道”、失“德”的后果。统治者不讲诚信，人民自然就不会相信他。

老聃智慧

老子认为，宇宙间任何事物都会发展、变化，但作为宇宙发展原理的“道”，却是绝对不变的。“道”“独立而不改，周行而不殆”，它的特性就是永恒不变。相对“道”来说，天地也显得短暂，更何况人了。

任何具体的事物虽然都不能是永久的，但它们之间的时间距离却是明显的。以生物而言，有的生命只有瞬间，有的则可长达成百上千年。同样的生物，在不同的生态环境中，寿命也大不相同。比如，人类在茹毛饮血的原始时代，活到成年已属不易；而到了现代化的今天，百岁老人已屡见不鲜。

时间的长短，与人的感觉大有关系。人们都有这样的体验：遇到喜庆日子，时间过得飞快；逢上灾厄困苦，仿佛度日如年。可以这么说：时间的快与慢，在你的一念之中；天地的宽与窄，在你的寸心之间。与一位良师益友谈话，不就会胜读十年书吗？在一间斗室里做学问、搞发明，不就会把世界也容纳于胸了吗？

然而，人生毕竟是短暂的，谁也不能否认这一点。因此，做人要认真，不要像一把铅刀，只有一割之能，就扭曲了、破口了，再也没有锐气了。人生应该像一把利剑，可能有暂时之拙，但一定要锐不可挡，即使被误作锥子之用，该出力时也要出力，以显示出锋芒。做人还要脱俗，无须媚人，无须趋时。入境固然要随俗，但用不着仰人鼻息；意识固然不能落后于时代，但用不着处处赶时髦。

因为人生短暂，做人应该要潇洒。潇洒，并非要你灯红酒绿、及时行乐，潇洒应该是一种圆融，潇洒应该是一种自信。潇洒的人眼中没有悲哀，潇洒的人心中没有伤感。同样的事情，从这个角度看是坏事，从另一个角度看则是好事，就看你怎样去看。

《道德经》关于“天地尚不能久，而况于人乎”的论述，就是要人们卸下包袱，潇洒走一回。富贵的人，享了一辈子福，弥留之际，被一个“恋”字所系，所以特别痛苦；贫贱的人，受了一辈子苦，死到临头，被一个“厌”字启发，因而觉得轻松。想到这一点，就该丢掉贪恋，随遇而安了。

第二十四章 企者不立

原文

企[①]者不立，跨[②]者不行，自见[③]者不明，自是者不彰，自伐者无功，自矜者不长。其在道也，曰余食[④]赘行[⑤]，物或恶之，故有道者不处。

注释

①企：踮起脚尖。

②跨：迈开双腿。

③自见：自我表现。

④余食：很丰盛的宴席。

⑤赘行：畸形。行，通“形”。

译文

踮起脚是站不稳的，跨步前进是走不远的；自我表现是不明智的，自以为是是不清醒的；自我夸耀是不会成功的，骄傲自大是不会长进的。这些按“道”的准则来说，叫作“多余的食物、赘疵畸形”，应当厌恶它。所以有“道”的人不这样做。

老聃智慧

老子是个大智者，但他不想表现自己，也劝告世人不要太过张扬。在老子看来，显山露水，出尽风头，难免后患无穷。盛筵虽好，多余了就全无意义；功劳再大，多讲了就会令人厌烦。真正聪明的人，不会张扬自己的才能，不会吹嘘自己的功绩。正所谓，盛名之下要韬晦，才能不开嫉妒之门；成功之后要谦虚，方可免走忿争之路。

春秋时代，孙叔敖很得楚庄王的信任，三次出任楚国令尹，权力很大。有一天，狐丘地方的一位老者问他："你是否知道，别人对你有三种怨恨情绪？"孙叔敖说："我不知人们怨恨我什么，请您多多指教。"那位老者告诉他："你的爵位高了，那些尚未显贵的士子就妒嫉你；你的官职大了，君主就会疑心提防你；你的棒禄丰厚了，想沾你光的人就会对你有怨言。"孙叔敖感谢老者的提醒，并对他说："我有办法平息这三种怨恨情绪：爵位越高，我的态度就越是谦恭卑顺；官职越大，我就越发小心谨慎用权；棒禄越丰厚，我施给别人的财物就越多。"

孙叔敖正是用这三种方法，处理好了有关的人际关系，平息了人们的怨恨情绪。

人之所以好表现自己，往往是为了求一个虚名。有的人为求虚名而丧命，有的人为求虚名而亡国。这种教训，历史上并不罕见。

战国时期的燕王哙就是为了求取虚名而亡国丧命的。他耳朵根软，被人奉承几句，就会飘飘然。当时有个叫子之的大臣，很会迎合他的口味，所以受到宠信，一直做到相国，权力越来越大。到了后来，子之干脆独断国事，拉拢一帮大臣，专为自己说话。这帮大臣唯子之之命是从，还劝燕王哙把国君的权力让给子之。有个叫鹿毛寿的人，以上古圣人尧为例来劝说燕王哙："尧之所以被尊为圣人，就因为他曾将天下让给许由，而许由却不肯接受，但尧却有了禅让帝位的美名，其实他仍然执有天下。所以说，大王如果把王位让给子之，子之也是不敢接受的，这样大王就可以享有尧一样的圣名了。”燕王哙听信了鹿毛寿的话，把国家托付给子之，而子之却没有谦让，毫不客气地全盘接受了。

后来，又有人以上古圣人禹为例来劝说燕王哙：“大王要吸取禹的教训啊！禹开始将权力交给益，只让自己的儿子启做益的下属。到了晚年，禹将国家大权传给了益，但启和他的同伙却拥有实力，夺取了益手中的国家大权。现在燕国的大臣，大多是太子的人，这实际上是让太子掌权。”燕王哙听了这话，就把三百石以上俸禄的大臣印信，全都收上来交给了子之。于是，子之就迫不及待地南面称王，执掌国政，要燕王哙称臣了。

子之执政三年，国内矛盾日益尖锐，燕国大乱。这时，齐军趁其内乱入侵，燕王哙则于战乱中死去。燕国一蹶不振振，差点就灭亡了。

仿效古代圣人，让位于有德之士，这本是一件好事。但燕王哙的目的只为求个虚名，根本没有去考察让位对象的德操和能力，所以不仅没有治理好国家，自己还赔上了身家性命。

好名的人，必然自以为是、自吹自擂。爱出风头，难免招来祸端。所以，越是出名，越要检点自己的言行，不要授人以把柄；越是富贵，越要宽厚待人，不要让人有怨恨。不要露富和敛藏聪明同样重要，炫耀功绩与引火烧身同样愚蠢。

第二十五章　有物混成

原文

有物混成①，先天地生。寂②兮寥③兮！独立而不改，周行④而不殆，可以为天地母。吾不知其名，字⑤之曰道，强⑥为之名曰大⑦。大曰逝⑧，逝曰远⑨，远曰反⑩。故道大，天大，地大，王亦大。域中有四大，而人居其一焉。人法地，地法天，天法道，道法自然。

注释

①混成：浑然天成。

②寂：寂静无声。

③寥：无形。

④周行：天体运行的规律。

⑤字：用作动词，取字。

⑥强：勉强。

⑦大：指“道”的范围。

⑧逝：：指“道”运行的方式。

⑨远：指“道”的边际。

⑩反：返璞归真。

译文

有一种浑然一体不可分割的东西，在天地形成之前就存在了。它寂静得没有一点声音，空虚得没有一点形体，独立存在而永不改变，循环不息而永不疲劳，可以作为天下万物的根源。我不知道它的名称，把它叫作“道”，勉强给它取个名字叫“大”。“大”能够运行不止，运行不止就广阔辽远，广阔辽远就返归本源。所以说，“道”大，天大，地大，王也大。宇宙中有四大，而王就是其中之一。人效法地，地效法天，天效法“道”，“道”效法“自然”。

老聃智慧

老子主张“道法自然”，这个“自然”，指的是天然，也就是自然而然，没有人为的成分。要达到这一步，人必须效法地，地必须效法天，天必须效法“道”，而“道”必须效法“自然”。老子认为，君主应当按自然法则行事。之所以要这样做，是因为地、天、“道”都是无私无欲的，都是“自然”的。效法“道”，效法“自然”，便能“无为而治”。

效法天地也好，效法“道”也好，效法“自然”也好，说的都是一个道理，就是要按自然规律办事，不能违反自然法则。不然的话，便会受到自然的惩罚。古代寓言中“拔苗助长”的人，想要秧苗一下子长高，结果适得其反，秧苗全都枯死了。“大跃进”时代，人们异想天开要亩产上万斤、十万斤，结果弄虚作假，惹得老天震怒，连续三年自然灾害，有些地方甚至颗粒无收——这都是不按自然规律办事，自然对人的惩罚。

不过，按自然规律办事，并不是向自然屈服，而是要找出战胜自然的办法。比如，面对自然灾害，古人的防御、抗击能力不强，所以往往只会束手无策。这时，会出现物价飞涨、人心浮动的局势，许多灾民只能离乡背井去逃荒。在这种情况下，地方官吏一般只能开仓放赈，用府库中的粮食来赈济饥饿的百姓。这样做，只能暂时缓和一下灾民的饥饿感，并不能根本解决灾荒带来的问题。

宋孝宗乾道四年（1168年），天公不作美，到处闹饥荒。按照惯例，遇到灾荒，地方官吏可以请求借粮放赈。这时，朱熹便向州府借了常平米六百石。他不像其他官吏那样直接去放赈，而是将这批粮食借给灾民，并订立合约，借了粮食后，等到下季粮食收获时，再加利息一起偿还。合约规定：百姓如在夏季缺粮，可以从官府粮仓里借粮，秋收后加上利息还给官府，这粮食仍放在粮仓里；如果还是歉收，就减免一半利息；如果遇上大灾，就全部免去利息。借粮的百姓认为这个办法好，合情合理，于是都愿意按这个规定办。

十四年后，朱熹不仅还掉了原先向州府所借的六百石粮食，而且还使当地的官仓贮备了三千一百石粮食。手中有了这批粮食，朱熹就设立义仓，逢灾年百姓来借粮，便不再加利息了。

朱熹的这个“义仓法”虽然不是直接去抵御自然灾害，但却收到了度过灾年的良好效果。因为这样做，百姓在灾年也不愁没有粮食吃。而对于官府来说，不用遇到灾荒开仓放赈，既省事省力，又不增加额外开支，还得了民心，可谓双赢。

实行义仓法是朱熹十分显著的一大政绩，而且行之有效，所以被不少官吏仿效。这既是一种利民政策，也是吏治长久之法。说到底，我们处理每一桩事，都要按自然规律去办。但自然规律是一种客观存在，需要我们去发现、总结。

第二十六章　重为轻根

原文

重为轻根，静为躁君①。是以君子终日行，不离其辎（zī）重②。虽有荣观③，燕处④超然⑤。奈何万乘（shèng）之主⑥，而以身轻天下？轻则失本，躁则失君。

注释

①君：主宰、掌控。

②辎重：古代载睡具衣食等生活用品的车子。

③荣观：繁华的景观。

④燕处：安居的地方。

⑤超然：漫不经心，超乎物外。

⑥万乘之主：在古代一车四马为一乘。万乘之主指拥有万乘兵车的大国国君。

译文

稳重是轻浮的根基，清静是急躁的主宰。所以圣人终日出行，不远离载有生活用品的车子。虽有华丽的生活，却安居泰然超乎物外。为什么大国的国君轻率躁动以治天下呢？轻率就会失去根本，急躁就会失去君位。

老聃智慧

在老子的眼里，五光十色的缤纷世界最终都要回到其根本之处，即复归于“道”。这个“道”，是平静的，是产生“动”（即万物）的根源，所以说“静为躁君”。从“静”到“动”，再从“动”到“静”，世界就是这样不停地循环往复着。

老子之所以要强调“轻则失本，躁则失君”，是因为轻不镇重，“失本”就会丧身，“失君”就会失去对天下的控制。“失本”加上“失君”，也就是亡国丧身、将国家政权拱手送人了。

“失本”和“失君”的严重性显而易见，但是什么原因导致了“失本”和“失君”呢？也许是酒色享受，也许是玩物丧志，也许是杀人如麻，也许是不理朝政……这些都可能导致江山的倾覆。所以，当帝王有这些倾向时，有责任感的大臣会直言进谏，而善拍马屁的小人却会投其所好。

宋代王谠编撰的《唐语林》中，即有一段极精彩的对比描写：

唐太宗得到一只鹞鹰，极其漂亮，他非常喜欢，在内宫时常把鹞鹰架在胳臂上玩。有一次，看到魏征来了，他急忙把鹞鹰藏在怀里，不过还是被魏征看了出来。魏征开始向太宗汇报事情，还就势讲起了古代帝王由于安逸享乐而亡国的故事，意在劝谏太宗。魏征故意说了很长时间，太宗担心鹞鹰被捂死，但却碍于对魏征的尊敬而不好意思直接赶他走。就这样，魏征说个没完，结果鹞鹰果然被捂死在太宗怀里。

唐太宗来到一棵树下，夸赞一番。宇文士及便在一旁跟着大加赞美，不容别人插嘴。这时，太宗很郑重的对他说：魏征常劝我远离小人，我却不知道小人是谁，怀疑是你却又不确定，今天一看果然是你。宇文士及急忙磕头辩白道：朝廷里的官员常常在朝议时互相争执，陛下常常不能提出自己的看法。现在臣侍奉在陛下左右，若再不顺从陛下的意思，那么陛下虽贵为天子，又有什么意思呢？听了他的话，太宗疑虑全消。

唐太宗李世民是唐王朝真正的奠基者。范文澜在《中国通史》评述："纳谏和用人是唐太宗取得政治成就的两个主要原因。"唐太宗要做一个明主，真是很不容易。他喜欢一只鹞子，居然不敢让魏征知道，恐怕这位老臣批评自己玩物丧志，只得把鹞子藏在怀中，结果鹞子被活活闷死了。他虽然失去了自己的一件心爱之物，却赢得了"从谏如流"的美名。

不过，唐太宗虽为一代英主，但也爱听恭维。当他看到宇文士及一副媚态时，就讥讽他阿谈奉承。而宇文士及脸皮颇厚，且巧舌如簧，点破唐太宗常被群臣责难抬不起头的尴尬，从而说明自己拍马屁是分工不同，可以使皇帝身心轻松，感觉到当天子的威风。

智者老子呵！他看透了古往今来帝王将相、圣人贤者貌似谦虚冷静、实则自大急躁的真象。所以在《道德经》中，对这种情形分析得十分清晰，对统治者的患得患失提醒得十分及时。不过，也有人因此批评老子，说他给统治者出谋划策，算不上真正的隐士。而统治者也不领他这份情，责怪他目光太深邃，不仅把别人心中的秘密都看透了，还抖落给天下人看。但老子在面对世人评说时却从来不加辩白，不加解释，也不肯轻易多开口。他认为，多说会违背"自然"。所以，庄子评价老子，超乎于"仁""智"之上。连圣人孔子，都自叹弗如。

文学大师林语堂有一段"想像中的孔老会谈"的描写：

孔子见到老子。老子刚刚沐浴完毕，正在让自然的风和阳光吹晒干披开来的头发。他那木然直立的神情，看起来就像干尸，有点吓人。孔子在老子休息好后进去“问道”。出来后孔子说：“我到现在才看见龙呵！龙的精神相合就成妙体，迹散便成彩云，乘云气便能配合阴阳。看到这种情形，我只有张口结舌的份儿，还能说些什么呢？”子贡说：“这么说来，真有人能够做到：静止时像尸体，动时如神龙，说话时如雷霆，沉默时若深渊，发动时又若天地般不可测度么？我该再来拜访他呀！”

子贡描述的，只是老子的表象。真正的老子，不是理想的圣人，不是傲物的怪人，而是一个得“道”者——一个懂得自然法则的平静的人。

第二十七章　善行无辙迹

原文

善行无辙迹①；善言无瑕谪②；善数③不用筹策④；善闭无关楗(jiàn)⑤而不可开；善结，无绳约⑥而不可解。是以圣人常善救人，故无弃人。常善救物，故无弃物，是谓袭明。故善人者，善人之师；不善人者，善人之资⑦。不贵其师，不爱其资，虽智大迷，是谓要妙。

注释

①辙迹：车轮辗过泥地留下的痕迹。

②瑕谪：缺点，毛病；指说错话。

③数：计算、计量。

④筹策：计数用的竹片、小木棍等物。

⑤关楗：门闩。

⑥绳约：用绳缚东西。

⑦资：借鉴、参考。

译文

善于行走的人，不留行迹；善于说话的人，不会失言；善于计算的人，不用筹码；善于关门的人，不用门而又打不开；善于捆缚的人，不用绳索而又解不开。圣人经常善于挽救人，所以从不抛弃人；经常善于挽救物，所以从不抛弃物。这就叫做超越一般人的高明。所以善人是不善人的老师，不善人是善人的借鉴。如果不尊重他的老师，不珍惜他的借鉴，虽然自以为聪明，却是个糊涂人。这就是妙理。

老聃智慧

老子反复强调顺应自然，这是他全部理论的出发点。顺自然而行，不造不始，才能达到目的而不留痕迹；顺自然而言，不别不析，才能达到目的而没有漏洞。

老子所说的道理，屡被历史所印证。

春秋时期，齐桓公一心想称霸天下，连年用兵，结果遇到了严重的财政困难。怎样来解决财政问题呢？他想到的办法就是增加税收，将国家的经济负担转嫁到老百姓头上。这样做的结果可想而知，百姓必然苦不堪言，怨声载道。所以，相国管仲竭力反对制定这一政策。齐桓公问："征收房屋税行吗？"管仲说："不行，这样会使已建成的房屋日趋损毁。"齐桓公又问："如果征收牲畜税呢？"管仲说："也不行，这样会使百姓滥杀牲畜。"齐桓公再问："征收人头税总可以吧？"管仲说："还是不行，这样会使人们隐瞒户口。"齐桓公没好气地说："这也不行，那也不行，那征什么税好呢？"管仲解释道："光靠征收税来解决财政困难，是难以成功的，因为每种税都会带来副作用。"正当齐桓公要泄气时，管仲提出了"官山海"的方法。所谓"官山海"，指的是管山海。山海管什么呢？当时山主要产铁，海主要产盐。

盐铁的生产，有一定的场地和数量，而且是生活和生产的必需品。管山海，就是管盐铁的专卖。管仲指出，只要实行盐铁专卖，就可解决财政困难。因为谁也少不了盐，"十口之家，十口食盐；百口之家，百口食盐”。至于铁的生产，当时已由块炼转向铸铁，并广泛地应用于铸造农具和砍伐工具。西周时期，盐铁均为私营，国家只征收山海税和关市税，盐铁的赢利大部分为私商所得。管仲提出将这两项商品的经营权收归国有，实行专卖，就是将私商的利益转移到国库之中。这样做，不同于向百姓征收其他的税收，牵涉面不广而获益巨大。

管仲虽将盐铁的经营权收归国有，但国家只是控制流通环节，即负责购与销，生产还是由私商负责，也让他们获得一部分利益。这样一来，经营盐铁的私商也不便反对这一政策，而国家的财政收入却大大增加了。

管仲的富国强民政策，为齐桓公称霸天下，打下了坚固的经济基础。

从管仲理财富国的经验可见，《道德经》所说的“善行，无辙迹”真是对极了。管仲善于生财、聚财、理财，但却做得心平气和、不露声色。既没增加百姓的负担，也没损害国家的利益。

每个朝代，都会遇到经济问题。怎样制定经济政策，关系到国计民生及天下兴亡。中国历史上，曾有过不少善于理财的经济学家，除了上面提到的管仲以外，还有汉代的桑弘羊、三国的诸葛亮、唐代的刘晏、宋代的王安石以及明代的周忱等，他们都为经济的发展作过重大的贡献。当然，他们既有成功的经验，也有失败的教训，经验和教训同样值得今人借鉴。

第二十八章　知其雄，守其雌

原文

知其[1]雄，守其雌，为天下谿[2]。为天下谿，常德不离，复归于婴儿。知其白，守其黑，为天下式[3]。为天下式，常德不忒[4]，复归于无极。知其荣，守其辱，为天下谷[5]。为天下谷，常德乃足，复归于朴。朴散则为器[6]，圣人用之，则为官长[7]。故大制[8]不割[9]。

注释

①其：在这一章中，共有六个“其”字，都是做代词用。

②谿：同“徯”，徯径，此处借指卑下的地位。

③式：模式，榜样。

④忒；过失，差错。

⑤谷：山谷，川谷；借指谦虚的态度。

⑥器：器具，物品；借指具体事物。

⑦官长：泛指最高统治者。

⑧制：法制，制度。

⑨割：割裂，分裂。

译文

明知什么是刚强，却坚守着柔弱，甘愿处于卑下的地位。处于卑下的地位，这样才不会失去德性，复归到无知无欲的婴儿状态。明知什么是洁白，却坚守着乌黑，甘愿做天下这样的典型。做天下这样的典型，永恒的德性才不会偏离，回复到不可穷极的真理——“道“的境界。明知什么是荣宠，却坚守着屈辱，甘愿处于低下的地位。处于低下的地位，永恒的德性才会得到充实，回复到质朴。质朴的“道”分散成万物，有道的人利用这种质朴，便成为百官之长。所以说治理天下的理想原则并不是破坏“道“的完整性。

老聃智慧

老子用他那深邃的目光，看到了“物极必反”的规律。历史上，有过不少弱国战胜强国、小国战胜大国的例子。于是，他总结出“弱者道之用”的道理，即在特定的条件下，“柔弱”可以战胜“刚强”。而要做到这一点，“柔弱”必须充满生气，而“刚强”则已走向腐朽；此外，必须坚守“柔弱”的地位：“知其雄，守其雌”；“知其白，守其黑”；“知其荣，守其辱”。

历史上，甘愿处于卑下的地位而成大事者不乏其人，最著名的，当推张良了。《史记·留侯世家》记载：

秦末，张良在博浪沙谋刺秦始皇未遂，逃到下邳隐居。有一天，他在镇东石桥上遇到一位白发长须、手持拐杖、身穿褐色衣服的老人，老人的鞋子掉到了桥下，要他去拾。张良觉得很惊讶也很生气，但见老人年老体衰，而自己却年轻力壮，便克制住怒气到桥下帮老人拾回了鞋。可是老人不仅不道谢，反而大咧咧地伸出脚来说：“替我把鞋穿上！”张良耐着性子把好人做到底，默不作声地替老人穿上了鞋。张良的恭敬从命，赢得了这位老人“孺子可教”的首肯。又经过几番考验，这位老人将自己用毕生心血注释而成的《太公兵法》送于张良。张良得到这本奇书，日夜诵读研究，最终成为了满腹韬略、智谋超群的汉代开国名臣。

张良克制自己的不快，为老人拾鞋、穿鞋，看上去好像很窝囊，但这并不是软弱的表现。明知自己比老人身强力壮，而不与老人争执，处处礼让，这既表现出对老人的尊重，也表现出自我完善的品格。张良正是在不断礼让的过程中，磨砺了意志，增长了智慧，最终成为“运筹帷幄之中，决胜千里之外”的杰出的军事家、政治家。

老子讲述知雄守雌的道理，来形象地说明以柔克刚、以弱胜强的可能性。然而，在具体运用中，这一道理却要善于根据当地、当时的情况进行调整，切不可生搬硬套。

战国时，田单面对强敌，大摆“火牛阵”，制造混乱，迷惑敌人，取得了胜利。南宋绍兴元年（1131 年），水贼邵青作乱，王德带兵前去讨伐，交战于崇明沙。面对声势浩大的官兵，邵青也学田单摆开了“火牛阵”。王德一看便笑道：“此乃古法，可一不可再。他不知变化，必然失败。”马上命士兵布好阵势，张弓搭箭，当邵青火牛一出动就万箭齐发。牛群被射得掉头狂奔，邵青反而自乱阵脚，遭到惨败。

其实，类似用“火牛阵”取胜的战例不少，运用得当，就可以扭转敌强我弱的劣势。

东晋时，殷浩率军北伐姚襄，兵力却不如对方。在这种局势下，咨议参军江逌就参考“火牛阵”的办法，组成“火鸡阵”破敌。他让士兵收集了几百只鸡，用长绳相连，鸡爪上绑上火种，群鸡惊飞，落在姚襄军营内，营栅帷帐一片火海，姚襄全军乱作一团。江逌趁机进攻，大获全胜。

江逌在敌强我弱的情况下能打胜仗，关键是他清醒地认识到敌我双方的实力，采用正确的战略战术，避敌锋芒，巧用智谋。摆“火鸡阵”是受“火牛阵”的启发，但他又不是盲目袭用。因为他知道，在如此紧急情况下，如果摆“火牛阵”，是没有办法弄到那么多头牛的。所以，不如因地制宜，摆“火鸡阵”，不仅准备工作容易得多，又能收到同样的效果。这正体现了“顺应自然”的智慧。

老子真是千古奇人！他在几千年前就预言，谁掌握了“道”，谁就能成为统治者，成为胜利者。

第二十九章　取天下而为之

原文

将欲取[①]天下而为[②]之，吾见其不得已。天下神器[③]，不可为也。为者败之，执者失之。故物或行或随，或嘘[④]或吹[⑤]，或强或羸[⑥]，或挫或隳[⑦]。是以圣人去甚，去奢，去泰[⑧]。

注释

①取：治理、管理。

②为：有为，很不情愿地去做。

③神器：神圣的东西，祭祀用的器物。

④嘘：缓慢呼气，使之渐暖。

⑤吹：急速吐气，使之快凉。

⑥羸：瘦弱。

⑦隳：毁坏。

⑧泰：强大。

译文

要想治理天下而勉强去做，我看他是无法达到目的的。天下是神圣的东西，不是随意能得到的，不是随意能把持的。硬要这样做就会失败，硬要把持它反而会丢失。事物有的走在前，有的跟在后；有的嘘暖，有的吹寒；有的强壮，有的羸弱；有的增益，有的毁坏，这是自然现象。所以，圣人要想顺应自然之理，做事就要不走极端，不求奢侈。

老聃智慧

老子看问题总是这么深刻，这么透彻。有人雄心勃勃，要统治天下；有人虎视眈眈，要窃取天下。老子便泼冷水：你越是想这样做，越是达不到目的。因为天下是神圣的，是由万物共同组成的。万物以自然为性，所以可因而不可为，可通而不可执。要改变万物的常性，必然失败；要阻止万物的变化，必然落空。天下应该让圣人所得，由圣人来统治。因为圣人顺应自然，尊重万物，因而不为，顺而不施，是“道”的执行者。

历史上，凡是想霸占天下的野心家，总是不能如愿以偿，最后都只落得个身败名裂的下场。比如东汉末年的董卓、民国初年的袁世凯、德国的希特勒、日本的东条英机，古今中外，莫不如是。

要想得到天下，并将天下治理好，必须要网罗人才。燕昭王黄金台招贤，便是最著名的例子。

燕昭王在燕国贫弱之际，接受郭隗的建议，拜郭隗为师，并为他建造了宫殿，以表自己求贤若渴之心。不久，乐毅从魏国而来，邹衍从齐国而来，剧辛从赵国而来，落后的燕国一下子变得人才济济。渐渐地，一个原本内乱外祸、满目满目疮痍的弱国，慢慢变成为一个富裕兴旺的强国。接着，燕昭王兴兵报仇，将齐国打得只剩下两个小城。

要当天下的统治者，还必须有雅量。比如宋太宗，在这方面就表现得很突出。

有一天，宋太宗在北陪园与两个重臣一起喝酒，边喝边聊，后来这两个大臣喝醉了，竟在皇帝面前相互比起功劳来。他们越比越来劲，最后干脆斗起嘴来，完全忘了在皇帝面前应有的君臣礼节。侍卫在旁看着实在不像话，便奏请宋太宗，要将这两人抓起来送吏部治罪。宋太宗没有同意，只是草草撤了酒宴，并派人分别把他俩送回了家。次日上午，两个大臣从沉醉中醒来，想起昨天的事，惶恐万分，连忙进宫来请罪。宋太宗看着他们战战兢兢的样子，轻描淡写地说："朕昨天也喝醉了，记不起这件事了。"

宋太宗这样做，一方面是因为他的仁厚，另一方面是因为他的睿智。作为主人，请客人喝酒并让客人喝醉失态，再去治人以不敬之罪，有悖于情理；作为皇帝，明知臣下有越礼之处，不加惩处就赦免了，就会失去天子的尊严。面对这两难的境地，宋太宗却以一句"朕昨天也喝醉了"搪塞过去，既照顾了这两位大臣，也为自己解了围。

类似这样的事例，历史上还有许多，其中最著名的当数楚庄王的"绝缨大会"。

楚庄王有一次设晚宴招待群臣，蜡烛忽然燃尽了，有一个人趁暗中混乱，拉扯劝酒的王妃衣袖，结果被王妃扯掉了帽缨。楚庄王听了王妃的申诉，没有去追查拉王妃衣袖的人，而且为了给这个人台阶下，楚庄王让群臣趁蜡烛尚未点燃、肇事者身份不明之时，全部摘去帽缨，从而保全了这位大臣。后来在楚国进攻郑国的战役中，有一位战将表现甚为突出，楚庄王觉得奇怪，因为自己对他并非十分宠信。后来询问才得知，此人就是当初那位被王妃扯去帽缨的人。他十分感激当初楚庄王不追究调戏王妃之事，为了报恩，所以奋不顾身地杀敌，为国效劳。

楚庄王以德报怨，那位战将以德报德，千百年来传为佳话。其实，以德报怨也是一种驾驭别人的谋略。一般来说，人都有点自知之明，清楚自己所作所为对别人的影响。如有对不起别人之处，难免会因此内疚，心态就比较低，一旦得到意想不到的原谅，就会引发感激之情，从而予以报答。

还是老子说得好，圣人应该“去甚、去奢、去泰”，才能治理好天下，顺乎民心。反之，一心只想要独霸天下、奴役人民的人，最终会被天下所拒绝，被人民所唾弃。

第三十章　以道佐人者

原文

以道佐[①]人者，不以兵强[②]于天下，其事好[③]还[④]。师之所处，荆棘生焉；大军之后，必有凶年。善有果而已，不敢以取强。果而勿矜[⑤]，果而勿伐[⑥]，果而勿骄，果而不得已，果而勿强。物壮则老，是谓不道。不道早已。

注释

①佐：辅佐，帮助。

②强：逞强。

③好：很容易做……事。

④还：还报、回报。

⑤矜：自满，狂妄。

⑥伐：自我夸耀、吹嘘。

译文

用“道”来辅助君王，而不要用武力逞强于天下。用武力征服人家很快会受到循环报复。战争后经常会看到这样的情形：军队经过的地方，长满了荆棘。残酷的战争之后，必然会遇到严重的灾荒。善于用兵的人，打了胜仗便适可而止，不会以武力逞强。胜利了不要狂妄，胜利了不要夸耀，胜利了不要骄傲，因为取胜也是一种不得已，所以胜利了不要逞强。万物强壮了都会衰老，所以过分追求强壮是不合乎“道”的，不合乎“道”就会加速衰亡。

老聃智慧

老子不是领兵征战的统帅，但不少论者却将他的著作看作是一部优秀的兵书。《道德经》对军事作了哲学的概括，又将军事哲学结合自然界万物的盛衰规律来考察，然后将这规律运用于社会生活的各个领域。因此，《道德经》不同于一般的军事著作，它以哲学思想统摄全书；《道德经》也不同于一般的哲学著作，它的军事色彩极为浓厚。

在老子生活的春秋时代，有实力的诸侯，大多想称霸天下，国与国之间的战争因此连年不断。老子厌恶战争，但又不得不谈论战争。因为在那个时代，战争几乎成了当时人们社会生活中的一个重要内容。老子谈论战争，是希望能够避免战争，劝君王尽量不要发动战争、参与战争，至少减少战争给百姓带来的损失。

春秋战国时代的战争，往往是大国对小国、强国对弱国的兼并。小国为了保存自己，当遭到大国的攻击时，就会想方设法搬救兵。当然，有了救兵，可能会转危为安，也可能同归于尽。而关于请救兵本身则需要充满智慧，需要按“道”的法则行事。

战国时代，孟尝君的封地在薛地。有一次，楚国要来攻打薛地，正好齐湣王的女婿淳于髡出使楚国，在回齐国途中路过薛地。孟尝君亲自到郊外迎接，以大礼相待。当淳于髡离开薛地时，孟尝君又亲自去送，并告诉淳于髡：“楚人就要来攻打这里了。但您不用为我们担心，只是以后我就没法再尽地主之谊接待您了。”淳于髡是个聪明人，他立即听出了孟尝君的弦外之音，就对他说："我已经理解了您的意思。"淳于髡回到齐国，齐湣王问他："你这次出使，有什么见闻和感想？"淳于髡回答："这次出使给我留下最深印象的，便是楚人太顽固，薛人太不自量力。"齐湣王一下子听不懂这话是什么意思，淳于髡便解释给他听：薛人不自量力，为齐湣王的父亲齐威王立了宗庙，楚王蛮不讲理，要进攻薛地，那么这一宗庙也难免要遭难了。齐湣王一听薛人建了先王的宗庙，脸色立刻就柔和了，连忙发兵救薛。

如果孟尝君直截了当地向齐国讨救兵，齐国绝不会出兵，这是因为齐湣王和孟尝君有过嫌隙。所以，孟尝君对淳于髡绝口不提借兵之事，淳于髡对齐湣王也绝口不提出兵之事，但双方都意识到了这件事与本身的利益关系，所以齐国便将救薛作为自己的事抓紧来做了。

当人们将一桩事情处理得比较好的时候，总是在自觉或不自觉地运用"道"。孟尝君借兵救薛是如此，张良桥下拾鞋是如此，田单大摆"火牛阵"也是如此，许多战略、战术都与对"道"的理解和运用有关。

战争总是会伤人、死人，并带来严重的破坏，无论是正义战争还是非正义战争，无论是古代战争还是现代战争，莫不如此。

第二次世界大战中，日本法西斯偷袭美国太平洋舰队基地珍珠港，美军猝不及防，损失惨重，一下子被击沉和重创战列舰八艘、轻巡洋舰六艘、舰队驱逐舰一艘，损毁飞机约二百七十架，伤亡人员三千四百余名。日军从此夺得制海权，随后开始进攻菲律宾、马来亚、印度尼西亚等地，导致太平洋战争全面爆发。美国决定使用原子弹以加速击败日本。

1945 年 8 月 6 日凌晨，一颗取名"瘦孩"、长十英尺的原子弹从日本广岛上空落下爆炸，广岛市 60% 的建筑被摧毁，约八万人丧生，五万余人因此受伤或失踪，因灼伤或核辐射病不断死亡者亦近十万。

面对第一颗原子弹爆炸，日本仍拒绝宣布投降。三天以后（8月9日），一颗取名“胖孩”、直径为五英尺的原子弹从长崎上空落下爆炸，长崎市中心被夷平，约三万五千人死亡，受伤者不计其数。次日旧本御前会议初次表示愿意投降。

由此可见，战争的性质不同，但其手段都是一样的，都以杀伤对方来达到取胜的目的。战争带来的灾难是显而易见的。所以《道德经》所描述的，战争后会出现遍地荆棘、连年灾荒的景象，完全是事实。尤其是现代化战争、核战争，其杀伤力、破坏力之大，是老子当时根本无法想象的。

人类最终要消灭战争，维护永久的和平。

第三十一章　兵者不祥之器

原文

夫唯兵[①]者，不祥[②]之器，物或恶之，故有道者不处。君子居则贵左，用兵则贵右。兵者不祥之器，非君子之器，不得已而用之，恬淡[③]为上。胜而不美，而美之者，是乐杀人。夫乐杀人者，则不可得志于天下矣。吉事尚左，凶事[④]尚右；偏[⑤]将军居左，上将军居右，言以丧礼居处也。杀人之众，以悲哀泣之；战胜，以丧礼处之。

注释

①兵：兵器；引申为战争。

②祥：吉祥，吉利。

③恬淡：安静清淡，淡漠。

④凶事：丧事。

⑤偏：辅佐。

译文

兵器是不吉祥的东西，人们都厌恶它，因而掌握“道”的人都不愿接近它。君子平时以左为贵，打仗时以右为贵。兵器是不吉祥的东西，不是君子所需要的。不得已的时候才用它，对它还是淡漠些好。凭借兵器打了胜仗，也不要赞美它。如果赞美兵器锐利，就是以杀人为乐了。以杀人为乐者，是不能得到天下的。因此吉事以左为贵，凶事以右为贵；偏将军站在兵车的左边，上将军站在兵车的右边，是表示用丧礼来对待战争。杀人多了，人们以悲哀的心情来对待，是表示用丧礼来对待胜利。

老聃智慧

老子善于谈兵，却对“兵”绝无好感。这个“兵”就是会给人类带来灾难、带来伤亡、带来毁灭的战争。所以，老子将“兵”看作是“不祥之器”，一而再、再而三地批评它、抨击它，希望最终消灭它。

战争确实是不吉祥的东西，因为它会给世界笼罩上阴影，给人类带来死亡。以第二次世界大战为例，这场人类历史上空前的战争，也给人类带来了空前的灾难。日本法西斯的南京大屠杀，纳粹德国的鲸吞波兰，日军偷袭珍珠港，苏德会战斯大林格勒，盟军登陆诺曼底，苏军攻克柏林，广岛、长崎原子弹爆炸……这一幅幅血腥、悲壮的历史画卷，无一不震撼着人们的心灵。

南京大屠杀是日本帝国主义发动侵华战争的突出罪证。1937 年 12 月 13 日，日军侵占南京，在华中方面军司令官松井石根和第六师团长谷寿夫指挥下，对中国普通老百姓和失去抵抗的士兵进行长达六周的大屠杀。最终，中国军民被集体枪杀和活埋的有十九万多人，零散被杀居民仅收埋尸体的有十五万多具，全市三分之一的房屋被焚毁。

纳粹集中营是德国法西斯在第二次世界大战期间，关押、虐待和屠杀进步人士、战俘、犹太人和外国公民的场所。1933 年 3 月德国首建达豪集中营，以后逐年增加，大战期间增至三十余座，另有一千多个拘留站和灭绝站。1941 年夏部分改为灭绝营。1942 年 3 月起，由于德国劳动力缺乏，归党卫队经济和行政管理处管辖，改以奴役为主，屠杀略有减少。被囚禁的人数无从统计。估计约有七百万至一千一百万人被杀害于集中营。

战争的残酷、无情，使一切有识之士都觉得一定要阻止战争、消灭战争。所以老子早在二千多年前，就说战争是不吉祥的东西，因而掌握“道”的人都不愿接近它。但是，也有个别战争狂人，肆意发动战争，以杀人为乐。

如臭名昭著的希特勒。在当上德国纳粹党党魁、第三帝国元首并取得指挥全国武装部队的权力后，希特勒对外撕毁《凡尔赛和约》，扩军备战，重占莱茵非军事区，武装干涉西班牙，结成德日意“轴心”集团，制定战争计划，吞并奥地利和捷克斯洛伐克。1939 年 9 月 1 日，希特勒下令大举进攻波兰，挑起第二次世界大战。战争初期，德军以闪击战横扫欧洲大陆，相继侵占波兰、丹麦、挪威、比利时、卢森堡和法国北部。法国投降后，希特勒又发动不列颠之战。1941 年入侵巴尔干和北非。同年实施闪击苏联代号“巴巴罗萨”的计划，攻至莫斯科城下。对被占领的国家和地区大肆掠夺，虐杀犹太人和斯拉夫人，在欧洲建立所谓“新秩序”。希特勒的闪击战在莫斯科会战失败后，1942 年倾全力在苏德战场南线发动夏季功势，企图夺回失去的战略主动权。同年底至 1943 年初，德军在斯大林格勒会战中惨败。同时还在北非败退。从此被迫转入战略防御。1943 年夏意大利战败，次年苏军发动战略进攻，美英军队在欧洲开辟第二战场，欧洲各国抵抗运动高涨，德国国内也发生反对派的政变。1945 年，希特勒发布“焦土令”，妄图垂死挣扎。同年 4 月苏军攻入柏林，希特勒留下“政治遗嘱”后自杀。

玩火者必自焚。发动战争的狂人，必将受到历史的惩罚。

第三十二章　道常无名

原文

道常无名，朴[①]虽小，天下莫能臣也。侯王若能守之，万物将自宾[②]。天地相合，以降甘露，民莫之令而自均[③]。始制有名，名亦既[④]有，夫亦将知止。知止可以不殆[⑤]。譬道之在天下，犹川谷之于江海。

注释

①朴：原始的木料。

②宾：服从，依附。

③均：均匀。

④既：已经，既然。

⑤殆：险恶，危困；几乎，差不多。

译文

“道”本来没有名字，就像还没经过刀斧砍凿、还没制作成器具的原木一样。“朴”虽然小，但天下谁也不能驾驭它。君侯如果能掌握它，万物就会自动地归顺。天地之间阴阳两气相合，就会降下甘露。人们没有去命令它，但自然地分布得很均匀。社会上的各种名分、地位、礼仪是人们制定的。既然有了名分，君侯就要懂得适可而止。懂得了适可而止，就不会陷于危困。比如“道”在天下，山间小溪自然会流归江海。

老聃智慧

老子希望人们认识“道”、理解“道”，尤其是统治者，要能以“道”来治理天下。那么，“道”无形、无名，怎样去掌握呢？这就如同古人推崇的“朴”。

魏晋玄学理论的奠基人王弼在注解《道德经》时，对“朴”有极为周详的论述：

朴之为物，以无为心也，亦无名。故将得道莫若守朴。夫智者可以能臣也，勇者可以武使也，巧者可以事役也，力者可以重任也。朴之为物，愦然不偏，近于无有，故日莫能臣也。抱朴无为，不以物累其真，不以欲害其神，则物自宾，而道自得也。

春秋战国时期有些侯王，有着模仿古代圣贤的癖好。他们希望像老子所说的那样“守朴”，但大多并不纯粹是为了治理好国家，而是为了图虚名。

魏文侯励精图治，使魏国开始强盛起来。有一天，魏文侯大宴群臣。酒酣耳热之时，他要臣下一个个对自己作一番评价。于是，有人说魏文侯仁义心肠，有人说魏文侯才智过人，有人说魏文侯治国有方，有人说魏文侯爱民如子……大夫任座却说：“大王处理事情有失公道。当初打下中山国，没有将它封给弟弟，而是封给了儿子。”魏文侯一听这话，顿时拉下脸来，空气显得十分紧张。任座见魏文侯不高兴了，只得悻悻地离席而去。这时轮到大夫翟黄发言，他机智地说道：“大王真是当今的圣人，是少有的贤君。因为只有贤君才会有直臣。从刚才任座敢于直言不讳地指出大王的缺点，可以看出大王胸襟之开阔和纳谏之贤明。”魏文侯听了大喜，马上让翟黄将任座请回来，还亲自走下台阶迎接任座，把他当上宾相待。

魏文侯毕竟还是有一定气度的，而且他喜好贤名。翟黄正是利用了这一点，保全了任座这样一位直臣，同时也保全了魏文侯的贤名。翟黄正是运用了《道德经》所说的“知止，可以不殆”的道理，才化解了君臣之间的这个紧张局面的。如果他保持沉默，魏文侯对任座已有不悦之心；如果他火上加油，魏文侯会更加反感，甚至马上作出极端的决定。翟黄的智慧，是以魏文侯有喜好贤名之心，来启发他的良知，肯定他的优点，使他感悟自己一时的失态，从而再度表现出“纳谏如流”的雅量。

古代有些君王的“贤名”，其实是靠大臣造就的。比如春秋时期当了三十年齐国大臣的晏婴，他经常劝齐景公要爱民，但齐景公却总是扰民。

有一次，齐景公强令许多民工造大台，使老百姓加重了负担，不少人陷于饥寒交迫的境地。正巧晏婴出使回来，目睹这一情景，马上去劝齐景公不要造台，劝了半天，齐景公总算同意了。但此时晏婴却不急于回家，而是立即赶到工地，催促民工抓紧干活，稍有懈怠，就以鞭子抽打。百姓私下就说：“这个晏婴啊，怎么尽帮着昏君坑害百姓！”晏婴骂累了、打累了，也就回家了。他刚离开工地，齐景公的传令官就到了，下令停止施工，民工解散，可以回去和家人团聚了。民工一听此令，齐声欢呼，好像遇到大赦一般，高高兴兴地赶回家去了。

晏婴这样做，是故意把“贤名”让给君王，把“恶名”留给自己。孔子对他大为欣赏，赞他此举既纠正了君王的过失，又使百姓感受到了君王的仁义。

由此可以联想到，历史上许多明主、圣人的动人事迹，或许其中有很多都是靠不住的，也许就是牺牲了臣民的清白才换来的。所以说，历史是人民创造的，真正的英雄是群众，正所谓“数风流人物，还看今朝。”

第三十三章　知人者智

原文

知[①]人者智，自知者明；胜人者有力，自胜者强；知足者富，强行者有志；不失其所[②]者久，死而不亡[③]者寿。

注释

①知：知道，熟悉了解。

②所：处所；引申为适当的位置。

③亡：当作“忘”，遗忘、丢失。

译文

认识他人是有智慧，认识自己是高明。战胜他人是有力量，战胜自己是强大。知道满足的人富有。持之以恒的人有坚定的意志。不失去合适位置的人能够天长地久。死去而不被遗忘的人才是真正的长寿。

老聃智慧

老子是个具有大智慧的圣哲。他精辟地分析了“知人”“自知”“胜人”“自胜”等问题。

老子的上述道理，人们从理论上是可以接受的，但在实践中却往往被疏忽。以“知人”而言，现代人往往觉得古人愚昧、落后，却忘了现代文明正是古代文明的发展，现代人正是踩着古人的脚印走过来的。而且在某些方面，古人所表现出来的聪明才智，现代人也是难望其项背的。

1798年5月，拿破仑率领三万大军浩浩荡荡地攻进了埃及，沿着尼罗河南下，妄图将这个文明古国全部占领。到达鲁克苏附近时，雄伟的金字塔及一些古建筑群出现在法军眼前，时光似乎一下子倒流了几千年。这批侵略者惊呆了，面对着眼前的一切，他们情不自禁地放下手中的武器，头脑中一片空白，好像悟到了什么，但又说不清楚。拿破仑最为激动，他打破沉寂，站到一个高处，对沉默的军人们大声说道：“士兵们，四千年的历史今天从这些金字塔上面看着你们！”

让拿破仑和他的士兵们感到震惊的，也许是初次见到金字塔的新奇，也许是金字塔的雄伟，但更是金字塔所透出的一种内在的磁力——即古人智慧和力量的结晶。这种磁力超越时空，震颤着人的心灵。

金字塔是一座座超脱生与死的纪念碑。它们牢牢扎根于大地，又竭力与天空触接，成为连接天地的阶梯。其中最著名的胡夫金字塔由230万块巨石垒成，每块巨石重约3吨。相信很多人都会有这样的疑问：在没有现代化科技和设备的远古时期，人们是怎样将这些巨石运到建筑工地，又堆砌得如此之高的？胡夫金字塔的方位角十分精确，正北偏西二十三分三十秒，古人又是如何测量并在建筑中准确把握的呢？胡夫金字塔的高度乘以10亿，约相当于地球和太阳之间的距离，即1.5亿公里。穿过这座金字塔的子午线，正好把大陆和海洋平分成相等的两半。这座金字塔的底面积除以两倍的塔高，刚好是圆周率π……拿破仑并不了解金字塔的这些特点，已经感到万分震惊。今人对金字塔了解得越多，就越感到它的神秘。面对像金字塔一样的古代文明的象征，我们不得不赞叹古人的伟大，也不得不承认对古人的认识还很肤浅。

古人在与自然奋战的同时，更注重战胜他人，以显示自己的力量。长眠在金字塔内的古埃及法老是如此，以武力拓展疆土的古印度阿育王是如此，横扫六合、统一中国的秦始皇也是如此。中国历史上每次改朝换代，都要先定国号，以显示新朝的力量。每个皇帝登基后，第一件事便是定年号，以显示一个新的纪元的开始。这一点，与古埃及的法老历十分相似。

法老历符合古埃及人的韵律哲学及对秩序的观念。在古埃及人的眼里，万物从生到灭再复生，不断地交替循环，法老也是由登基、死去再继之以新的法老登基。每位法老在位时的所作所为，都会随着他的去世而固定在纪年法中。这种纪年法便是一座纪念碑，永远镌刻着法老的成败得失。纪年法是对每位法老的历史总结，所有的一切功过都归之于他本人。继位的法老没有理由为先王的功劳而自傲，也用不着为先王的罪过而背上沉重的包袱。从登基那一天开始，法老的历史便由自己的所作所为来决定了。

为了表明法老有异乎常人的力量，古埃及人把法老说成是最高神太阳神之子。每一位法老，作为太阳神的儿子都是平等的，死后都要回归太阳神所驾驶的船上，回归途中都要接受检验。这种检验，其实是对法老在位时功过的评判，以验证其是否有统治万民的智慧和力量。

法老也是人，帝王也是人，他们有的名垂千古，有的遗臭万年，为什么呢？除了其他各种复杂的因素外，还有重要一条，就是老子所说的“知人”“自知”“胜人”“自胜”的道理。

第三十四章　大道泛兮

原文

大道泛[①]兮，其可左右。万物恃之而生而不辞，功成不名有，衣[②]养万物而不为主。常无欲，可名于小。万物归[③]焉而不为主，可名为大。是以圣人之能成大也，以其不为大也，故能成其大。

注释

①泛：小水渠。

②衣：包，包裹。

③归：归附、依靠。

译文

“道”是非常广泛的，到处都有它的存在。万物依靠它而诞生，而它毫不推辞；成功了不求名，滋养万物而不主宰它们。它永远没有欲望，这可以叫作“小”。万物归顺于“道”，而“道”并不主宰万物，这可以叫作“大”。由于它从来不自以为大，所以能真正成为“大”。

老聃智慧

《道德经》所说的“道”，因为看不见，摸不着，因而人们很难体会它的“小”和“大”。如果将“道”人格化，阐述起来也许容易些。比如说，“道”之所以叫做“小”，是因为它永远没有欲望。

阿育王是印度古代最有名的君王，他最大的欲望便是一统天下。当他统一全国后，突然厌倦了战争，厌倦了武力，一夜之间“大彻大悟”，没有了任何欲望，一心皈依佛门，侍奉“佛、法、僧”三宝。这时，他的头衔变成了“为神所宠爱的（善见王）”，从而把宗教的权威，抬到比世俗权威更高的地位。这时候，“无欲”的阿育王，却成了一代英主。他统治的时期，被称为印度的“黄金时代”。

据《阿育王传》记载，阿育王全心全意奉行佛法，清心寡欲，但他的弟弟善容王却对佛法颇有异议。

有一天，善容王到山林里去打猎，看见许多面色苍白、有气无力的出家人在那里修行。他们有的一丝不挂，全身赤裸着晒太阳；有的正在吃草木的嫩叶和枝条；有的在修炼吐气纳气的功夫；有的故意躺在荆棘之上，让刺刺入皮肤……善容王及其随从看得目瞪口呆，想不到世上还有如此苦修之人。善容王上前问一个正躺在荆棘上的出家人：“你这样修行，什么时候才能修得神仙之道？”这个满身都是伤疤而且还流着脓血的出家人回答说：“我现在还修行得不够。刚才看到林中一群鹿在交配，心中就冲动起来，不能自制。所以我还需要更努力地修行。”这个出家人的声音非常微弱，以致于善容王不得不俯下身去才能听清他在说什么。看到这些出家人苦修的模样，善容王便没有心思去打猎，带着随从恹恹地打道回城了。

半路上，善容王看见几个面色红润的行脚僧人匆匆而过，心中想：那个身体瘦弱、疲惫不堪的出家人，看见鹿群交配还会有淫欲之心，那这些佛门弟子每天吃香的喝辣的，睡有温暖的床铺，坐有柔软的坐垫，同时又被鲜花的芬芳薰着，怎么可能不生出淫欲之心来呢？他把这个想法说给周围的人听，大家都表示同意。

善容王的话传到了阿育王的耳中，他为弟弟对佛门的偏见感到担忧，便决定去除他的偏见和欲望。阿育王对善容王说："佛说，一个沙门一生中要思虑担忧三世，死后复生，又要思虑担忧各种事情三世。如此说来，不论他投生了多少次，经历了多少世，每一次他都要为各种各样的事情思虑担忧，并且还会受苦，还会有不计其数的烦恼。人们正是考虑到做人的这些辛酸苦痛之处才出家当僧人，追求清静无为，无欲无念，平安度过一生。假如不专心、不勤奋地修炼，那么还会有痛苦和烦恼的折磨。"听了阿育王的一番话，善容王顿时醒悟，欲念俱灭，剃度出家，终于修成了罗汉。

写到这里，也许有人会疑惑起来，觉得《道德经》中所云"常无欲"好像难以做到。其实欲望这东西，有点像弹簧，你要将它强压下去，弄不好就会反跳起来，而且可能会比原来更高。抑制欲望要弄清目的，才会生出悟性。性天澄澈之时，就是饥餐渴饮，也能康济身心；心地沉浊之人，即便坐禅念佛，也是浪费时间。

第三十五章 执大象，天下往

原文

执[①]大象[②]，天下往。往而不害，安[③]平太。乐[④]与饵[⑤]，过客止。道之出口，淡乎其无味，视之不足见，听之不足闻，用之不足既[⑥]。

注释

①执：掌握、控制。

②大象：指的是“道”。

③安：乃，于是。

④乐：音乐。

⑤饵：食物。

⑥既：尽。

译文

谁能驾驭“大象”，天下人就归顺他。归顺他而不受伤害，天下就安宁了。悦耳的音乐和可口的食物，会吸引住过路的行人。但是把“道”讲出来，却显得平淡无味，看它看不见，听它听不到，用它用不尽。

老聃智慧

老子所说的“大象”，意指大而无形的虚象，也就是天象之母。它不冷、不热、不温，所以能包纳万物而不受到任何伤害。如果能掌握它，就不愁天下不归顺于己。老子欣赏“大象”，因为它就是“道”。然而，就是这神奇玄秘的“道”，说出口却平淡无味，看上去不足以悦目，听上去不足以娱耳，但它的作用则是无穷极的。确实，“道”太抽象，难以具体描述。然而，生活中的各种利害关系，人们通常都能据此来辨别。

比如，《韩非子·内储说》举过这样一个例子：

董阏于是赵国上地的守官。有一天，他走在石邑的山中，看见山涧很深，峭壁像墙一样陡，深有百仞。于是便问附近乡村的百姓说：“人有到这里面去过的吗？”百姓们回答说：“没有。”又问：“小孩、傻子、聋子、疯子这样的人，有到这里面去过的吗？”百姓们回答说：“没有。”“牛马狗猪曾经有进去的吗？”百姓们还是回答说：“没有。”

董阏于是叹息道：“我可以治理了。让我的法没有赦免到，就像进入山涧一样必死的状况，那么人们就没有敢触犯的了，还有什么不能治理呢？”

董阏于很有悟性，从人们不敢入深涧而联想到人都有避害的本能，因此，他认为，只要以死来惩戒世人，就没有人敢犯罪了。不过，这种说法未免太绝对了，安邦治国毕竟要复杂得多，即使能阻止犯罪，也未必就能出色地管理好国家。但董阏于的话也不无道理，避害之心确实人人都有。婴儿及痴呆、疯癫之人，他们虽然没有追求自身利益的能力，但也不敢去深涧峭壁之侧，因为他们本能地知道避害，本能地会保护自己。从这个角度来说，统治者只要善于驾驭被统治者的避害之心，就能够要求对方做什么、不做什么，从而让对方在避害的过程中，不经意地迎合自己的意图——这也是一种治国之“道”。

《道德经》说谁善于驾驭“道”，天下人都会归顺他，而又不受伤害。这是一种统治策略。统治者要想天下太平，主观上当然不想伤害被统治者，而且往往会把被统治者的利害同自己的利害捆在一起，用以调动被统治者为自己效力的积极性。

这种策略，在军事上屡有运用。如《孙子·九地》中说：“焚舟破釜，若驱群羊而往，驱而来，莫知所之。”这就是“破釜沉舟”——一种“置之死地而后生”的谋略。将这种谋略运用得最为出神入化的，当推西楚霸王项羽。

《史记·项羽本纪》记载：“项羽乃悉引兵渡河，皆沉船，破釜甑，烧庐舍，持三日粮，以示士卒必死，无一还心。”项羽这样做，断绝了将士们的退路，使每个人的利害都捆在了一起，因此才使得全军上下齐心协力，拼死奋战，最后求得了一条生路。

驾驭“道“其实也是一门艺术，运用于社会生活，可以知己知彼，了解特定对象的心理。这一点，古今中外皆然。

世界上第一家咖啡馆叫做“普各伯咖啡屋”，诞生于法国巴黎的圣日耳曼街，店主人是来自西西里岛的普各比奥。他选择在圣日耳曼街开咖啡馆，是因这里离文人聚集的拉丁区很近，而咖啡馆旁就是著名的法兰西喜剧院。当时，拉·封丹的一些寓言剧都是在这家剧院首演的。普各比奥把拉·封丹请到咖啡馆，这样一来，不少文人骚客开始竞相光顾这里，为的就是一睹拉·封丹的风采。每当喜剧院节目彩排或演出前后，普各伯咖啡屋总是挤满了演员、作家、诗人、评论家和哲学家，他们围绕一出戏评头论足，争论得十分热烈，咖啡馆的名气也不断随之大增。伏尔泰、卢梭、狄德罗等名人也成了这里的常客。

平淡无味的“道”，一旦由高手来“主厨”，就能烹制出一桌美味佳肴，令人回味无穷。

第三十六章 将欲歙之

原文

将欲歙（xī）[①]之，必固[②]张之；将欲弱[③]之，必固强[④]之；将欲废之，必固举之；将欲取之，必固予[⑤]之。是谓微明[⑥]。柔弱胜刚强。鱼不可脱于渊，国之利器不可以示人。

注释

①歙：吸气或通过呼吸吸入，引申为收敛。

②固：姑且这样。

③弱：削弱。

④强：增强、提高。

⑤予：给予、赋予。

⑥微明：微妙的明智。

译文

将要收拢的，必定要先扩张；将要削弱的，必定要使它强盛；将要废弃时，必定要使它兴起；将要夺取时，必定要先给予。这就叫做自然微妙的预兆。柔弱胜过刚强，鱼不能离开深渊。因此，当我们有了有利于治国的策略和制度时，不能随便向他人夸耀。

老聃智慧

老子是一位伟大的哲学家，同时也是一位杰出的军事家。他拥有“柔弱胜刚强”的辩证思想和勇气，也拥有一整套克敌制胜的战略战术原则。在布阵对敌时，不妨先让一步，诱敌深入，伺机予以歼灭——这就是所谓“将欲歙之，必固张之”的后发制人的策略。特别是遇到敌强我弱的局面，更应采取以退为进、以守为攻的策略，从而逐渐让敌方陷于盲目被动挨打的境地，然后战而胜之。

老子在观察了事物的矛盾、斗争后发现，要想除强梁、去暴乱，最佳方案就是以柔克刚、因势利导。这真是一种大智慧，不用费力气，不用要手段，顺水推舟，轻而易举地达到自己想要达到的目的。

在古希腊斯巴达统治雅典的第三年，一支一万多人的希腊军队，出征去帮助波斯国王的次子居鲁士打仗。不久，居鲁士在与兄弟争夺王位时死去，希腊军队失去了打仗的意义，滞留于离巴比伦不远的一个小镇附近。高级军官们在与波斯人谈判的过程中全部中计被害，整个部队失去了统帅，而四周又有敌军的包围。波斯人以为，希腊军队必然会自行瓦解。

在这支军队中，有一个名叫色诺芬的尚未入伍的年轻办事员。在这危急的时刻，他串联了下级军官们开会商议。会上，色诺芬充分发挥了自己的演说才能，鼓起了大家的信心和士气，全体下级军官一致推选他来统领部队。色诺芬知道，希腊人是极难统领的。他们有着强烈的个性。军队虽有严格的纪律，但希腊军人更服从才能和智慧。一个无能的统帅或指挥失误的将军，士兵们会向他投掷石子，抛弃他，自行决定行动方案。

色诺芬深知这一情形，所以他立即召开全体士兵大会，作了更加激昂慷慨的鼓动。其中最激励人心的，不是突出他的统帅地位，而是突出每一个战士。色诺芬说道："他们认为我们的指挥官死了，我们尊敬的老将军克利亚库斯死了，我们就会失败。但我们要让他们睁开眼睛看一看，我们每一个人都是将军。这是他们的功劳，现在不只是一个克利亚库斯，而是一万个克利亚库斯和他们战斗。"色诺芬以极为自然而又简短的方式，把所有的责任和信心，都注入到每个战士的心中，使得一万名战士产生了一股强大的凝聚力，而凝聚力的中心就是色诺芬。次日早晨，他们就踏上了返回希腊的征程。

但是，希腊军队已无法从原路返回，因为所有的道路都被波斯人封锁了。于是，色诺芬带领士兵进入人迹罕至的高山峻岭，到达底格里斯河和幼发拉底河的发源地，与原始部落人展开了生死搏斗。重重困难摆在他们面前：冰天雪地，山高路陡，河深水冷，没有粮食，没有冬衣，而且随时都会遭遇到原始人的袭击。色诺芬清楚，在这种情况下，必须依靠每个人的智慧和力量来共度难关。

有一次，色诺芬骑马从后卫到前锋去商量一件事，道路被厚厚的积雪所覆盖，士兵们步履艰难地前进着。这时，一个士兵对他大声喊道："你骑在马上太轻松了！"色诺芬一听，立刻从马背上一跃而下，加入了士兵们的行列。

由于色诺芬能够以身作则，发扬民主，爱护士兵，并积极采取各种灵活的战略战术，最终战胜了各种困难和敌人。在四个月中，转战二千多英里，终于胜利地回到了希腊。

色诺芬事后总结道："应该相信，自觉自愿的服从始终胜于强迫的服从，应该真正懂得如何才能得到人们的自愿服从。只有这样，他才能得到士兵们的服从。因为他使士兵们深信无疑：他知道得最全面、最正确。正好像一位病人服从一个医生一样。同时，他必须吃苦在前，忍受比战士们更多的苦难，经受更多的严寒酷暑的煎熬。"

老子和色诺芬，一个东方的哲人，一个西方的贤才。他们的文化背景、生活环境都不同，但他们的观点却有十分相似的地方。尤其是在军事理论上，他们都有避实就虚、以柔克刚的妙计，更有驾驭他人、统领全局的高招。

第三十七章　道常无为

原文

道常无为[①]，而无不为。侯王若能守之，万物将自化[②]。化而欲作，吾将镇[③]之以无名之朴。无名之朴，夫亦将无欲。不欲以静，天下将自定。

注释

①无为：顺应自然不妄为、不作为。

②自化：潜移默化，自然归顺。

③镇：镇伏。

译文

“道”顺应自然而“无为”，万物无不由此而治。侯王如果能坚守“无为”，万物就会自然地归顺他。万物归顺后有欲望发生，我就用没有名称的“道”来镇伏万物。用没有名称的“道”来镇伏，人们便不会有意见。没有意见就会平静，天下就会自然地安定下来。

老聃智慧

老子提倡“无为”，反反复复地讲述“无为”的意义。他所说的“无为”即自然，以自然产生万物、推动万物生长。因为“无为”，万物也会归顺自然，天下也就太平无事。

“无为”是相对于“有为”而言的，这是老子的一个重要思想，对后世影响甚大。而这一思想不仅产生于中国，在西方也同样存在。

如古希腊的阿里斯底波、德漠克利特、阿那克萨哥拉、伊索格拉底、第欧根尼等人，他们在经历了人生的种种波折后，都对政治感到了厌倦，从而开始了独善其身、乐于安静、避世寂处的生活。阿里斯底波认为，抛弃政治的烦累，才能过好个人的生活。阿那克萨哥拉以一个克拉左美奈人侨民的身份久居雅典，晚年因渎神之罪被迫离开雅典，但他没有回故乡，一生都未参加城邦政治。德漠克利特宁可辞去官职，过闲居生活。伊索格拉底则干脆宣布，自己终生不担任官职。

然而，古希腊的高尔告亚、普鲁塔戈拉、苏格拉底、柏拉图、亚里士多德等人，则持“有为”思想。他们认为，最优良的生活寓于政治活动之中：人生一定要有“善行”而后可以获致“幸福”，而一切“无为”的人们是没有“善行”可言的。

苏格拉底曾劝导一心想逃避政治、归隐山林的阿里斯底波：

神明所赐予人的一切美好的事物，都是需要我们通过辛苦地努力才能够获得。你只有想申明虔诚地祷告，你才能获得申明的宠爱；你只有善待你的朋友，你才能得到朋友的友爱；如果你想在一个城市中获得荣誉，你就得使这个城市脱离苦难；如果你希冀因你的德行而获得全希腊的表扬，你就必须向全希腊做出有益的事情；如果你要土地给你带来丰盛的果实，你就必须耕耘这块土地；如果你决心想从羊群获得财富，你就必须好好照管羊群；如果你想通过战争来发展、壮大自己，取得力量来解放你的朋友并制服你的敌人，你就必须向那些懂得战争的人学会战争的艺术，并在实践中对它们作正确的运用；如果你要使身体强健，你就必须使身体成为心灵的仆人，用劳力出汗来训练它。

亚里士多德批评“无为派”将“无为”看得过高，认为“无为”胜于“有为”的观点是一种谬误。他指出：善性的见于思想不如善德的见于行事，参与政治是公民的正当生活，所以应该提倡在世不说穷达而应“兼善天下”。无论是城邦的集体生活，还是人们的个别生活，都应以“有为”为最优良的生活。

亚里士多德进一步指出：所谓“有为”的生活，并不完全像有些人所说的，一定要涉及到人与人之间的相互关系。也不能说人的思想只在指向外物，由此引起他对外物的活动时，才说他正在有所思想。思想如果纯粹是为思而思，只自限于它本身而不外向于他物，才是更高级的思想活动。

他还认为，人们当然应该做出这样或那样表现自我意旨的行为，但就以这些外观的活动为证，也充分说明思想为人们行为的先导。而思想既然本身也是一种活动，那么，在人们专心内修，完全不干预他人时，也是“有为”的生活实践。因此，独处而自愿与世隔绝的城邦也未必无所作为。

其实，老子的“无为”与古希腊的“无为”虽有相通之处，但差异却是很大的。老子用“无为”来反映自然，用“无为”来表述天道，用“无为”来替代政治。老子的“无为”，使人们在认识自然、认识社会的过程中，多了一点冷静，少了一些急躁；多了一点清醒，少了一些冒进。

“无为”是一种人生态度，也是一种智慧。如果借口“无为”而无所事事，那只是懒汉、蠢才。如果借口“无为”而只顾个人舒适、安逸，不管他人生死、国家存亡，那将会为人们所不齿。

第三十八章　上德不德

原文

上德[①]不德，是以有德；下德不失德，是以无德。上德无为而无以为，上仁为之而无以为，上义为之而有以为，上礼[②]为之而莫之应，则攘臂[③]而扔[④]之。故失道而后德，失德而后仁，失仁而后义，失义而后礼。夫礼者，忠信之薄而乱之首。前识者，道之华而愚之始。是以大丈夫处其厚[⑤]，不居其薄[⑥]，处其实，不居其华[⑦]。故去彼取此。

注释

①德：德性，即儿童的淳朴天真。

②礼：社会规范和道德规范。

③攘臂：卷起袖子，伸出胳膊。

④扔：引，拉。

⑤厚：淳厚。

⑥薄：浇薄。

⑦华：虚华，表象。

译文

上德者能认识和掌握“道”，但并不表现为有“德”，所以有“德”；

下德者不能认识和掌握“道’，却一心要表现有“德”，所以无“德”。上德者任其自然，无意去作为。上仁者有所作为，却不是有意去作为的。上义者有所作为，是有意去作为的。上礼者有所作为，但没有人理睬他，便伸出臂膀强引人们尊敬他。因此，失去了完整的“道”就讲“德”，失去了“德”就讲“仁”，失去了“仁”就讲“义”，失去了“义”就讲“礼”。礼是忠信的衰退、大乱的祸首。所谓先知先觉的人，只看到“道”的表面，而这正是愚蠢的开端。因而大丈夫要立身淳厚之处，而不要居于浇薄；要掌握“道”的实质，而不要光看到事物的表象。所以，要舍弃原来不正确的认识方法，吸取这个正确的认识方法。

老聃智慧

老子生活的时代，正是奴隶制向封建制转化的社会大变革时代。没落的贵族们在翻天覆地的变化中，有的丧失了社会地位，有的被剥夺了经济特权，有的甚至“降为皂隶”。所以，他们对这个动荡、变革的社会十分不满，但又感到无可奈何。然而，他们还有批评和争鸣的权力。老子的道家学派，在很大程度上反映了没落贵族的思想意识。

《道德经》既批评法家的革新、变法的理论，又反对儒家要求恢复周礼的主张。认为在当时的历史条件下，再去恢复周礼，无疑是制造混乱，所以不客气地指出：“夫礼者，忠信之薄，而乱之首。”

老子将“道”“德”“仁”“义”“礼”依次排了顺序，体现了他崇尚“道”而鄙薄“礼”的思想。老子认为，历史就是这样的堕落：失“道”而后“德”，失“德”而后“仁”，失“仁”而后“义”，失“义”而后“礼”。所以，只有丢掉仁义和礼治，才能回归“小国寡民”的理想社会，才能恢复“道”的本来面目。

庄子是一位充满幻想的大智者，同时也是一位严肃的哲学家。他认为，“仁”是一种人理，一种因为人把握不住事理而人为建立的标准和尺度。所以《庄子·知北游》指出：

“道”不可致，“德”不可至。“仁”可为也，“义”可亏也，“礼”相伪也。故曰；失“道”而后“德”，失“德”而后“仁”，失“仁”而后“义”，失“义”而后“礼”。

庄子的意思是：“道”是客观规律，就是“事理”；“德”是“道”的体现，是人在把握了“道”之后的“得”，是人驾驭事理的结果；而“仁”则是人为的，就是“人理”。通常情况下，人们在难以掌握“道”的时候，便去追求“道”的外部体现“德”；当“德”也得不到时，就只好借人为的“仁”来调节人际关系的秩序了。

孔子最讲“仁义”，甚至有点迂腐，而他的学生有时比他更迂腐。《韩非子》记载：

鲁国权臣季孙氏执政时，孔子的学生子路担任郧地的长官。子路十分讲义气，有一次国君征发民工开渠，子路便自掏腰包买了饭菜，请民工们在大街上吃饭。孔子听说后，马上叫子贡去砸场子。子路非常气恼，挽着袖子跑来责问孔子，自己行仁义之道，老师为什么要派人来责备和捣乱？孔子教训他说：“你真是不开窍！你知道礼仪吗，怎么能只顾行仁义，而越了礼制？爱护百姓应该是国君的事，你根本没有权利去越俎代庖。”教训还没结束，季孙的使臣已经到了，责问孔子为什么让弟子中止工程，还给民工们饭吃，是不是想争夺季孙的臣民？孔子一听这话，只得登车起程，匆匆离开了鲁国。

由此可见，行仁义本是出于一种无奈，是为了调节人际关系，但弄不好，就会像子路那样不合时宜，弄巧成拙。因为仁是人为的，所以没有“道”来的自然，没有“德”来的贴切。然而，不管怎么说，仁义比起残暴来，毕竟对百姓有利得多。所以，百姓总是颂扬仁君，反对暴君。

第三十九章　昔之得一者

原文

昔之得一[①]者：天得一以清，地得一以宁，神得一以灵，谷[②]得一以盈[③]，侯王得一以为天下正。其至也，谓：天毋已清将恐裂，地毋已宁将恐发，神毋已灵将恐歇，谷毋已盈将恐竭，侯王毋已贵以高将恐蹶。故必贵而以贱为本，必高矣而以下为基。夫是以侯王自谓孤、寡、不穀。此其贱之本与，非也？故致数与无与。是故不欲禄（lù）禄如玉，珞珞如石。

注释

①一：指"道"的本身；亦指"道"的外化，即宇宙的本体。

②谷：河谷。

③盈：水满。

译文

自古以来，凡能得"一"的情形是这样的：天得"一"便清静，地得"一"便安宁，神得"一"便灵验，川谷得"一"便盈满，侯王得"一"便能做天下的统治者。推而言之，天没有这种清静恐怕就要破裂，地没有这种安宁恐怕就要倾覆，神没有这种灵验恐怕就要消失，川谷没有这种盈满恐怕就要干涸，万物没有这种滋生恐怕要消灭，侯王不重视自己的高贵地位恐怕就要垮台。因此，贵必须以贱为根本，高必须以下为基础。所以，侯王自称“孤”“寡”“不谷”。这正是“以贱为本”，难道不是这样吗？所以，追求过多的声誉就会失去声誉。所以有道之士不愿像玉那么精美，而宁可像石头一样朴实。

老聃智慧

老子是哲学家，也是语言学家，他的词汇相当丰富。为了表述“道”这一概念，他使用了许多词语，这一章里提到的“一”就是与“道”相当的一个词语。因为“一”是数字的开始，也是万物的本源。“一”是事物的开端，也是宇宙的总结。没有“一”，就没有成千上万；没有一隅，就没有全局。“一”是对立统一的高度概括，“一”是聚散离合的集中反映。

历史上，凡是能“以贱为本”的帝王，通常都能有所作为；反之，不能做到这一点，或是忘了这一点的帝王，往往荒淫无度，甚至江山难保。

《次柳氏旧闻》记载：

唐肃宗在当太子时，有一天陪唐玄宗一起进餐。餐桌上摆着各种佳肴，其中有一盘羊腿，唐玄宗让他去割羊肉。割完羊肉后，他手上都是油污，便顺手拿起一张面饼擦手。唐玄宗眼睛直盯着他看，面上露出了不高兴的神色。不过，他擦完手，直接把饼送到嘴边，有滋有味地吃了起来。这时唐玄宗转怒为喜，对他说：“人就应该这样爱惜富贵的福气。”

唐玄宗贵为天子，却能爱惜粮食，是很不容易的。当他看到太子以面饼擦手时，很恼火，以为太子是在糟蹋粮食；当看到太子从容地将擦过手的面饼吃掉时，便转怒为喜，认为太子和自己一样，能“以贱为本”。

如前所述，“一”还指原始混沌之气。道教认为，采用“守一”之法，可以得到天地开辟的要谛，不但可以求得自身的长生，而且能够实现太平之世。《太平经》对“守一”叙之甚详：

“守一者，天神助之。……故头之‘一’者，顶也；七正之‘一’者，目也；腹之‘一’者，脐也；脉之‘一’者，气也；五脏之‘一’者，心也；四肢之‘一’者，手足心也；骨之‘一’者，脊也；肉之‘一’者，肠胃也。能坚守此道意，得道者令人仁，失道者令人贪。”

“守一”有“守真一”、“守玄一”及“守三一”等多种方法。《抱朴子》中指出：

“真一有姓字长短服色目，玄一但此见之。”

《道枢》则称真一“在乎气液”，“炼气液以生龙虎，合龙虎以成变化，使九还九返，混一归真”，可得长生之根；称玄一“与真一同根”，“守玄一复易于守真一”，还能够得“分形之道”。至于“守三一”，一说即“守三尸”。

《列仙传》记载，苏林修道九百岁，又以涓子为师。涓子以三尸虫真诀授之，并告诫他：“但守三一，长生不灭；能存三一，名刊玉札。”也有人认为，“守三一”就是守三丹田。

《老子想尔注》认为：

“‘一’者，道也。今在人身何许？守之云何？‘一’不在人身也，诸附身者悉世间常为伎，非真‘道’也；‘一’在天地外，人在天地间，但往来人身中耳，都皮里悉是，非独一处。‘一’散形为气，聚形为太上老君，常治昆仑，或言虚无，或言自然，或言无名，皆同‘一’耳。今布道诫，教人守诫不违，即为‘守一’也；不行其诫，即为‘失一’

也。世间常伪指五脏以名‘一’，瞑目思想，欲以求福，非也，去生遂远矣。”

太平道认为“守一”必须修身，天师道强调“守一”就是“守诫”。这是因为前者重视修炼长生，后者注重斋戒方术。

第四十章　反者道之动

原文

反[1]者道之动，弱[2]者道之用。天下万物生于有[3]，有生于无[4]。

注释

①反：借位返，去而复回为返，即循环。

②弱：柔弱。

③有：实；指天地，天地由无形的道产生，而天地是由形体的。

④无：虚；指“道”，道是无形体的。

译文

相反的力量相互作用，促成了道的运动。道可以使柔弱变刚强，亦可以使刚强变柔弱。天下万事万物有形有像，有形有像的背后隐藏了它们之间的内在规律。

老聃智慧

这一章虽然只有两句话，但含义却丰富又深邃。在这一章老子重申了道和德的关系，道无形、无言、无为，不能被我们真正认识，我们认识到的只是道的德性而已，因此可以说道是德的属性。

“反者道之动”，意思是说事物运动变化的规律是循环往复的，如果我们善于观察就会发现，周围的事物都处于永不停息的运动变化之中，蝉皮挂在枝头，而蝉却没了踪影，我们四处寻找，树林深处传来蝉的鸣叫，原来它的翅膀长硬了，躲到密叶深处唱歌去了。然而好景不长，随着夏天的飞逝，它的生命走到了尽头。第二年的夏天蝉声又起，如此循环往复，永不衰竭。

“弱者，道之用”，意思是说道在发挥的时候，用的是柔弱的方法，一切顺应事物的发展变化，任由万物自然而然地发生和生长，而决不强加自己的意志。道孕育了万物，而不据为已有，不使万物感到自己的压迫力量。如果天下的统治者能够用这种柔弱的手段来治理天下，顺应民心民意，自然会得到民众的拥护和爱戴，自然会拥有大道的力量而永不枯竭。

由此可见，大道的德性就是循环往复和柔弱顺应，宇宙万物由道而生，自然应该合乎大道的德性，才能得以正常生长、发展、运行，一旦违背道的德性就无法得以运作，就会被淘汰出局。

人们偏偏喜欢夸大自身存在的价值，虚妄致使人类忽略了自然规律的存在而恣意妄为，恣意妄为是对大道的公然叛逆，其表现是多方面的，比如任意砍伐森林、任意捕杀野生动物、污染环境、自虐和虐他……人类自认自己的强大和睿智，其实这是不自知的表现，其结果只能是自我毁灭。只有顺应自然之道，明晓生死皆自然，才能在短暂的人生中做到不蹉跎岁月，不陷入无谓的纷争。人生一世，草木一秋。生命就如同一次短暂的旅游，从起点出发最后又复归于起点，这种循环往复不会以我们的主观意志为转移。有生就有死，这是大道的规律，没有人能够改变得了，既然无法改变，我们为什么不能换一种方式对待它呢？顺应它就合乎了道的大德，就能活得自然、坦然、悠然。

第四十一章　上士闻道

原文

上士[①]闻道，仅[②]而行之；中士闻道，若存若亡；下士闻道，大笑之——不笑不足以为道。故建言有之：明道若昧，进道若退，夷[③]道若纇（lèi），上德若谷，大白若辱，广德若不足，建德若偷[④]，质[⑤]真若渝[⑥]，大方无隅[⑦]，大器免[⑧]成，大音希[⑨]声，大象无形。道隐[⑩]无名。夫唯道，善始且善成。

注释

①士：古代男子的美称。

②仅：仅仅，只能。

③夷：平坦。

④偷：通“输”，怠惰，懦弱。

⑤质：信实，纯。

⑥渝：改变，虚假；引申为空中。

⑦隅：边角。

⑧免：同晚，迟。

⑨希：稀少，没有。

⑩隐：幽隐不见。

译文

资质优秀的人闻“道”后，会勤恳地去实行；资质良好的人闻“道”后，会觉得若有若无；资质一般的人闻“道”后，会一笑了之。不笑，“道”就谈不上“道”了。因此有这样的格言：明白的“道”看起来好像很隐晦，前进的“道”看起来好像在倒退，平坦的“道”看起来好像很坎坷。最高的“德”好像低下，最洁白的东西好像污浊，宽广的“德”好像不足，刚健的“德”好像懦弱，纯真的东西好像虚伪。最方正的东西好像没有棱角，最有才能的人成就得晚，最大的声音反而没有声音，最大的形象反而没有形体。“道”是隐晦而又不可名状的。只有“道”才善于产生一切，而且还善于成就一切。

老聃智慧

老子之所以反复宣扬“道”，评述“道”的伟大和无所不包是因为他深知“道”不是为一般人所能一下子就理解的。王弼谈到“道”之玄妙时说：“在象则为大象，而大象无形；在音则为大音，而大音希声。物以之成而不见其形，故隐而无名也。”“道”就是这样难以捉摸。

“道”既然善于成就一切，就不会亏待万物。虽然，有的东西大，有的东西小；有的东西美，有的东西丑——但任何事物都不是十全十美的，都是各有所长，也各有所短。明代叶子奇所撰《草木子》中说：“造化无全功，巧其音者拙其羽，丰其实者音其花。”面对造化的遗憾，应该根据每一事物的特点，长则用其所长，短则用其所短。只有真正做到物尽其用、人尽其才，世界才会更美丽。

明代吕柟所著《泾野子》一书中，载有这样一个故事：

某翁有五个儿子，老大木头木脑，老二聪明机灵，老三双目失明，老四弯腰曲背，老五一腿残瘸。知子莫如父，当父亲的对儿子们的生计作了妥善的安排：让木头木脑的大儿子种田，面朝黄土背朝天；让聪明机灵的二儿子经商，精打细算不吃亏；让双目失明的三儿子算命，占卜算卦走江湖；让弯腰曲背的四儿子搓绳，驼背干得蛮像样；让一腿残瘸的五儿子织布，稳坐织机不费力。老父死后，五个儿子都能安身立命，一生不愁衣食。

每个人都有缺点和弱处，残疾人的生理缺陷是明显的，心理也比常人更脆弱一些。然而，这位父亲很高明，因为他善于扬长避短，能将缺陷化为长处。

其实，无论是优点也好，缺点也罢，都是人的一种特点。健康人和残疾人，同样可以根据自己的特点行事。身残志坚，有所大成的人古今中外比比皆是。所以，不要为自己的缺陷烦恼，如果能将它变为长处，就能作出令人难以想像的业绩。

“道”虽然善于成就一切，但只有掌握“道”的人才能获得成就。“道”是公平的、宽容的，对谁都一样。适者有为——这是“道”对万物的告诫。

第四十二章　道生一

原文

道[①]生一[②]，一生二[③]，二生三[④]，三生万物。万物负[⑤]阴[⑥]而抱[⑦]阳[⑧]，冲气[⑨]以为和。人之所恶，唯孤、寡、不穀，而王公以为称。故物或损之而益，或益之而损。人之所教，亦我而教人：强梁[⑩]者不得其死——吾将以为教父。

注释

①道：宇宙的本原。

②一：原始的统一体，指混沌之气。

③二：由混沌之气分出的阴阳两气，指天、地。

④三：阴阳两气相交会和形成的冲气。

⑤负：在背后。

⑥阴：阴气。

⑦抱：拥抱，在胸前。

⑧阳：阳气。

⑨冲气：阴阳两气相互交冲而形成的一种状态，即和气。

⑩强梁：叠韵联绵字，强力，横行霸道。

译文

道生一，一生二，二生三，三生万物。万物包含着阴和阳，阴阳之气交相激荡而达成和谐。人们所厌恶的，是孤、寡、不谷，但王公们却以此自称。所以对于事物而言，有时减损它却反而使它增益，有时增益它却反而使它减损。别人教导我的，我也拿来教导人："强暴的人不得善终"——我把这样的话当作教人的根本。

老聃智慧

老子一直在探索世界是如何形成的，万物是如何产生的，最后他终于找到了答案，这就是"道"。

"道"是万物的本源，对此《道德经》已作了详尽的论述。老子说万物都是由'道'产生的，那么像音乐这样一门艺术，是不是也产生于'道'呢?

答案是肯定的。从本质上说，音乐也产生于'道'。当然，音乐的具体演奏及发生、发展，是由人来操作的；但美妙的乐声，来源于自然之声—亦即'道'。这一点，古人早有论述。

《吕氏春秋》有这样一段话：

……音乐之所由来者远矣：生于度量，本于太一。太一出两仪，两仪出阴阳。……万物所出，造于太一，化为阴阳。萌芽如震，凝沫以形；形体有处，莫不有声。声出于和，和出于适。先王定乐，由此而生。……凡乐，天地之和，阴阳之调也。

别看这段话似乎很深奥，其实却是从唯物主义的观点出发，阐述了自然的声音与音乐的关系，认为美好的音乐是中和阴阳所产生的。这不就是所谓"'道'生'一'，'一'生'二'，'二'生'三'，'三'生万物"吗?当然，仅仅摹仿自然的声音，还不能成为音乐。音乐作为一门艺术，一定要人去加工、创造。所以，《吕氏春秋》还有下列一番描述：

昔古朱襄氏之治天下也，多风而阳气蓄积，万物解散，果实不成，故士达作为五弦瑟，以来阴气，以定群生。昔葛天氏之乐，三人操牛尾，投足以歌八阕：一曰“载民”，二曰“玄鸟”，三曰“逐草木”，四曰“奋五谷”，五曰“敬天常”，六曰“建帝功”，七曰“依地德”，八曰“总禽兽之极”。……昔黄帝令伶伦作为律。伶伦自大夏之西，乃之昆仑之阴，取竹于嶰峪之谷，以生空窍厚薄均者，断两节间，其长三寸九分而吹之，以为黄钟之宫。……次制十二筒。以之昆仑之下，听凤凰之鸣，以别十二律。……黄帝又命伶伦与荣将，铸十二钟，以和五音，以施《英》《韶》，以仲春之月，乙卯之日，日在奎，始奏之，命之曰《咸池》。……帝颛顼好其音，乃令飞龙作乐，效八风之音，命之曰《承云》，以祭上帝。……帝喾命咸黑作为声歌：《九招》《六列》《六英》。有倕作为鼙、鼓、钟、磬，吹笙、管、埙、篪、鞀、椎、钟。帝喾乃令人抃，或鼓鼙，击钟磬，吹笙，展管篪；因令凤鸟天翟舞之。……帝尧立，乃命质为乐。质乃效山林、溪谷之音以歌，乃以麋輅冒缶而鼓之，乃拊石击石，以像上帝五磬之音，以致舞百兽；瞽叟乃拌五弦之瑟，以为十五弦之瑟，命之曰《大章》，以祭上帝。舜立，命延乃拌瞽叟之所为瑟，益之八弦，以为二十三弦之瑟。帝舜乃令质修《九招》《六列》《六英》，以明帝德。禹立，勤劳天下，……于是命皋陶作为《夏籥》九成，以昭其功。殷汤即位，……率六州以讨桀罪。功名大成，黔首安宁，汤乃命伊尹作为《大护》，歌《晨露》……

这段记述，将音乐的社会功能推到极致。音乐不仅与其他艺术休戚相关，而且对人们的哲学思想，美学思想，乃至社会生活，都有着巨大的影响。而音乐的来源都是自然之音：黄帝时伶伦听凤凰之鸣，以别十二律；颛顼时飞龙效八风之音，制作了《承云》；唐尧时质效山林、溪谷之音，谱写了令百兽起舞的歌谣……这些记载虽将音乐罩上神秘的面纱，但对它的源头却揭示得一览无遗。

音乐和万物一样，也是产生于“道”，仿效于自然。

第四十三章　天下之至柔

原文

天下之至柔[①]，驰骋[②]于天下之至坚，无有[③]入于无间[④]，吾是以知无为之有益。不言之教，无为之益，天下希及之。

注释

①至柔：最柔弱。

②驰骋：形容马的奔跑；引申为穿越、战胜。做动词用。

③无有：没有形体，没有作为。

④间：夹缝，间隙。

译文

天下最柔弱的东西，可以战胜天下最刚强的东西，没有形体的东西，可以渗入没有空隙的地方；不用语言的教导，无为而治的好处，天下什么也及不上。

老聃智慧

老子一再强调柔能克刚，他是有理由的。老子认为，柔弱的东西也能驰骋天下，比如气无所不入，水无处不至。在老子眼里，虚无虽然柔弱，但却无所不通，因其无而不可穷，因其柔而不易折。由此他得出结论：无为是有益的。水就是没有形体、最柔弱的东西。它高兴起来，可以造福人类；它发怒的时候，可以吞没田野、村庄、城市。水真是能驰骋天下，什么坚硬的东西都阻挡不了它。因此，人们对水都怀着敬畏之心。尤其在古代农业社会，水利就是农业的命脉。

西周实行井田制，“井”字形的本身，就意味着水道纵横。历代一些想有所作为的地方官，都把兴修水利当作自己的一大政绩。兴修水利不易，保持水利就更难了。

春秋时期，楚国令尹孙叔敖在芍陂一带修建了一条南北水渠。这条水渠又宽又长，足以灌溉沿渠的万顷农田。可是一遇到天旱的时候，沿堤的农民就会在渠水退去的堤岸边种植庄稼，有的甚至还把农作物种到了堤中央。结果等到雨水一多渠水上涨，这些农民为了保住庄稼和渠田，便偷偷地在堤坝上挖开口子放水。这样的情况越来越严重，一条辛苦挖成的水渠，就这样被弄得面目全非，更严重的是，因决口经常发生水灾，水利变为了水害。孙叔敖当初兴修水利的本意被践踏，渠水成了沿渠居民的灾难。

面对这种情形，历代芍陂行政官员都无可奈何。每当渠水暴涨成灾时，只得调动军队去修筑堤坝，堵塞漏洞。宋代李若谷出任知县时，也碰到了这个难道，便贴出告示说：“今后凡是水渠决口，不再调动军队修堤，只抽调沿渠的百姓，让他们自己把决口的堤坝修好。”这布告贴出以后，再也没有人偷偷地去决堤放水了。

李若谷是宋代著名的政治家，治政以善用智术而闻名于世。他没有下令不准决堤放水，只强调一旦水渠决口，便要抽调沿渠百姓修堤，却将毁堤这一老大难问题解决了。这是为什么呢？因为如果向农民喋喋不休地说一通保护堤坝的大道理，或者板起面孔发出毁堤要重罚的禁令，农民或许根本不愿听，听了也会置之脑后。所以，李若谷并不去宣传护堤的重要性，也不去痛斥毁堤的破坏性。他只是申明要采取一个针对性的措施，而这个措施就是要触及毁堤者的利益。对于沿渠农民来说，决堤放水，本为了保住自家利益；而现在要负责修堤，就显得得不偿失、弊大于利了。因为当农民意识到，决堤放水对自己没有好处、只有坏处时，自然不会再去破坏水渠了。李若谷这样做，可谓深得《道德经》“不言之教”之三昧。

从此以后，这条水渠再也没有闹过水灾，又变温顺了、柔弱了，它灌溉着农田，滋润着庄稼，造福于人类。

“不言之教”真是有用，“无为之益’实在明显。

第四十四章　名与身孰亲

原文

名与身[①]孰亲？身与货[②]孰多[③]？得与亡[④]孰病[⑤]？甚爱[⑥]必大费，厚藏[⑦]必多亡[⑧]。故知足不辱，知止不殆[⑨]，可以长久。

注释

①身：生命。

②货：财产。

③多：重要，宝贵。

④亡：失。

⑤病：有害。

⑥甚爱：过分爱惜，极端吝啬。

⑦藏：储存。

⑧多亡：非常大的损失。

⑨殆：危险，失败。

译文

名誉和生命哪个亲切？生命和财产哪个宝贵？得和失哪个有害？所以说，极端的吝啬，必定会造成很大的破费，过多的储存必定会造成极大的损失。因此，知道满足就不会遭受困辱，知道适可而止就不会遭到失败，这样才能长久地存在下去。

老聃智慧

老子善于将两个矛盾的事物结合在一起研究，也善于将一个事物分解成两个矛盾的对立面。矛盾双方会相互转化，“甚爱必大费，多藏必厚亡”，说的就是事物朝着相反方向转化，是一种自我否定的运动。马克思指出：“辩证法在对现存事物的肯定的理解中同时包含对现存事物的否定的理解。”老子所运用的，就是朴素的辩证法。

老子所说的“知足不辱，知止不殆”的处世哲学，不仅对中国人有影响，对亚洲许多国家尤其对日本的影响最大。日本人十分强调：“不能过于贪求，过犹不及。”从这种观念出发，日本人都很注意适度。所谓“九分不满，十分则溢”，讲的就是要满足于“九分”的程度，不要追求“十分”圆满的道理。因为追求过分的圆满，会招致不幸，应了那句古话：“万事满至十分，其上无以复加，忧患之本也。”

日本有个民间故事，叫作《会唱歌的乌龟》，很能反映“知足不辱，知止不殆”观念的本质。

在很久以前，有个地方住着一家四口人：一对夫妻和他们的两个儿子。后来，丈夫去世了，守寡的妻子为了带大两个孩子，生活过得很拮据。更让她没想到的是，大儿子贪得无厌，偷偷地将家里值钱的财物席卷一空，独自离家出走了。小儿子倒是十分孝顺，为了赡养母亲，他每天上山去砍柴，然后挑到集市去卖钱，换回粮食和蔬菜。

有一天，他砍柴时遇到了一只小乌龟。小乌龟告诉他，自己会唱许多动听的歌，只要将它带到人来人往的集市上去表演，就可以挣好多钱。第二天，他就把小乌龟带到集市去唱歌，果然引来了很多行人观看，挣了不少钱。从那之后，他就经常带着小乌龟一边卖柴，一边表演，钱越挣越多，也让母亲过上了舒适安逸的生活。

没有良心的大儿子听说弟弟发了财，便厚着脸皮回到了家里，向弟弟打听发财的奥秘。小儿子忠厚老实，又念及兄弟之情，便将来龙去脉都向兄长和盘托出。大儿子羡慕不已，认定小乌龟就是摇钱树，死皮赖脸地向弟弟要去了小乌龟。

大儿子迫不及待地将小乌龟带到集市，要它表演，但小乌龟就是不吭声，围观的路人开始嘲笑大儿子，让他出尽了洋相。大儿子一气之下，就将小乌龟宰了。小儿子得知乌龟死了，非常伤心。他将小乌龟埋在自己家的附近，还在坟上栽了一棵小树。令人惊讶的是，第二天早上，这棵小树已长成了参天大树，树上有几百只乌龟，每只乌龟嘴里都叼着金块。小儿子将金块收起，一下子成了大富翁。

大儿子知道后，又跑来砍下这棵树的枝条，插到自己家的院子里。第二天，这根树枝也长成了参天大树，树上也有几百只乌龟，但它们口中都没叼金块。大儿子气急败坏，就爬上树去捉乌龟。他爬得很高，却没捉到乌龟，这时候他手上抓着的树枝却突然折断了。就这样，他从高高的树上掉了下来，腿骨摔断了。

这个民间故事中的贪心大儿子，实在是一个愚蠢的人。因为他不懂得，期望值和满足程度是成反比的。一个人的期望值越高，便越难获得满足。他想和弟弟一样一夜之间成为富翁，却既不肯进行辛勤的劳动，又不肯付出爱心，更不肯积德行善，那金钱怎么会凭空而来呢？

《会唱歌的乌龟》中的大儿子，想将小乌龟当作摇钱树，结果没有成功。那么，世上究竟有没有摇钱树呢？日本人认为是有的。在日本，盛行一本《处世百科事典》，它告诉人们说：“你有摇钱树，知道吗？

它就在于你有没有这种心。它就是知足。不论有多么多的财产，如不满足，则与穷人一样。贫困如果满足，就与财主一样。”

再回味一下老子说的“知足不辱，知止不殆”，我们便可以深深地体会出这样一个道理：人如果想过得愉快，一定要学会自我满足。当然，满足是相对的、有条件的、有对象的。人们可以在满足中发现不足之处，也可以在发现不足之处时觉得满足。

“知足”和“知止”，实质上是一种平衡心理的技巧，可以得到精神上的满足，还可以永久地感到幸福。

第四十五章　大成若缺

原文

大成[1]若缺，其用不弊[2]。大盈若冲[3]，其用不穷[4]。大直若屈[5]，大巧若拙[6]，大辩[7]若讷[8]。躁[9]胜寒，静胜热，清静[10]可以为天下正。

注释

①大成：大的成就，最完美的东西。

②弊：衰竭，衰败，破败。

③冲：空虚。

④穷：终结，穷尽。

⑤屈：弯曲。

⑥拙：笨拙，言语迟钝。

⑦辩：辩才，巧言。

⑧讷：出言迟钝，不善说话。

⑨躁：通“趣”，急走，活动，动也。

⑩清静：指无欲无为。

译文

最完美的东西好像是有缺陷的，它的作用却不会衰败。最满盈的好像是空虚的，它的作用却不会穷尽。最直的好像是弯曲的，最灵巧的好像是笨拙的，最善辩的好像是不会说话的。活动能战胜严寒，安静能战胜酷热。清静无为的人，能够成为天下的统治者。

老聃智慧

老子喜欢采用“正言若反”的方式，即用一些朴素辩证法的语言，来表达其深邃的哲学思想。“大直若屈”“大巧若拙”“大辩若讷”等论断，都包含了辩证法的一个否定的必经环节。列宁指出：“一般说来，辩证法在于否定第一个论点，用第二个论点去代替它（就在于前者转化为后者，在于指出前者和后者之间的联系等等）。”老子正是这方面的高手。

《道德经》第四十五章中一系列“正言若反”的论断，都是在常人加以肯定的“第一个论点”中提出否定的论点，并“用第二个论点去代替它”。老子所言确实很有道理。我们经常会遇到这样的情况：最聪明的人，也许看上去是愚蠢的；最巧妙的办法，也许看上去是笨拙的。举例来说：

唐代建都长安，粮食供应颇为困难。附近虽有号称“粮仓”的关中沃野，但因耕地面积太少，产量不高，无法解决都城长安军民的用粮需求。倘若遇到水旱灾荒，粮价飞涨，还经常出现饿殍遍地的惨状。因此，唐初时就有了从江南至长安的千里漕运，专门负责首都的粮食供应。唐高祖、唐太宗时期，因为人口较少，朝廷用度也比较节制，所以虽然每年水陆漕运只有二十万石，但已能满足需求了。到了唐高宗时期，长安日益繁荣，人口迅速增长，对粮食的需求也越来越多，漕运的重要和困难都显得突出了。

当时漕运的路线，是从淮河出发，经汴河而入黄河，再转渭河抵达长安。千里漕运，船只航行非常困难，尤其是经过北人门、中神门、南鬼门三门险峡时，常常会发生翻船事故，上演一幕又一幕粮沉人亡的惨剧。在开元后期，宰相裴耀卿对漕运加以改进，变直运为接运，水陆分段运输，尽量减少陆运，以提高运输效率。这样做虽有进步，但依然没有解决漕运费用大、损耗大等老大难问题。

面对这种现状，唐代宗委任理财能手刘晏专门负责千里漕运。刘晏以“富其国而不劳于民，俭于家而利于众”著称。接任后，他沿途勘察调查，积极寻找解决漕运困难的办法。

刘晏办漕运的方法很聪明，钱都化在刀刃上，但看上却好像是笨办法。比如，他看到许多河段因多年未加疏浚而淤泥沉积，运粮船难以通过，便调集民工，一段一段疏浚河漕，工作量之大可想而知，但此举却为日后船只的航行提供了便利。又如，他了解到以往沉船，大多因为船只不牢固，经不起风浪险滩的挑战，于是便建立了十个船场，花费重金打造了两千艘“歇艎支江船”，这种船船身坚固异常，每条船可装运一千石米。再如，他知道以往运粮，官府并不具体操作，州县只是出面叫当地富户督办漕运，称之为“船头”。“船头”再组织民工运粮，称作“船工”。“船工”由于待遇极差，没有什么积极性。他便不嫌麻烦，将漕运收回官办，训练士兵担任“船工”，出钱雇佣熟悉河道的人领船。船工水手都有工钱，运输十次不出事故还可以奖励。

然而，漕运毕竟不是简单的事情，别的不说，运河、淮河、汴河、黄河、渭河水势不同，用同一种方法航行，一定会有潜在的危险。据《新唐书·食货志》记载，刘晏办漕运，采用的是分段运输的方法：“江南之运积扬州，汴船之运积河阳，河船之运积渭口，渭船之运入太仓。”分段接运风险小，但工作量却十分大。以前漕粮都散装在船舱里，每次装卸都很费劲，损耗率十分高。刘晏便规定用袋装替代散装，这样到了水浅处可用小船分装运输，即使翻船也能打捞起来，不会出现粒米无存的情况。

刘晏主管漕运，每年从江南运到长安一百多万石粮食，从来没有发生过漕粮沉溺事故。长安由于粮食供应充足，物价平稳，遇到灾荒也不再出现人心浮动的现象。所以当第一批粮食运抵长安时，唐代宗亲遣卫士迎接，并把刘晏比作西汉开国功臣萧何。

刘晏处理漕运之事，看上去很平常，没有惊人之举，有些做法甚至看上去费时、费力，但却收到了良好的效果。这就是藏巧于拙。

刘晏的成功，在于他善于抓主要矛盾，解决的都是关键问题、急需解决的问题及疑难杂症。老子说“大巧若拙”，实在是很有道理的。

当然，“拙”，不是不动脑筋，不想办法，恰恰相反，正是动足脑筋，想尽办法，将“巧”用到了极致，才看上去像“拙”。这个“拙”能解决实际问题，不是装疯卖傻。

第四十六章　天下有道

原文

天下有道，却[①]走马[②]以粪[③]；天下无道，戎马[④]生于郊[⑤]。罪莫厚于甚欲，咎[⑥]莫憯于欲得，祸莫大于不知足[⑦]。故知足之足，常足矣。

注释

①却：退下来。

②走马：善于奔跑的战马。

③粪：施肥，肥田；引申为播种、耕田。

④戎马：战马。

⑤郊：国都之外五十里以内的地方，城外名郊。

⑥咎：过失，罪过、灾害。

⑦足：满足。

译文

天下人都理解了“道”，实现了和平，那就可以赶着战马去种田了；天下人都不理解“道”，兵戈相见，战马只能在沙场生小马了。祸害没有比不知足更大的了，过失没有比贪欲更大的了。因此，知道满足为满足，便会永远满足。

老聃智慧

老子细心观察自然和社会的发展变化，并总结出这些发展变化的规律。他认为，人要适应自然和社会，就必须“知足”。如果天下有“道”，人们能知足、知止，无求于外，专修其内，那么就不会发生国与国、人与人之间的纷争了；如果天下无“道”，人们贪得无厌，不修其内，各求于外，那么就会兵戈四起、战火连绵了。

老子的处世哲学，真是充满了智慧！他指出，有些人为了谋私利，便尔虞我诈，你争我夺，结果是两败俱伤，不仅违背了“道”，而且还败坏了世风。老子冷眼旁观，认为人们争斗的根源正是贪欲。而人的贪欲，是没有止尽的，有时为了蝇头微利，有时为了些微小事，也会不择手段，甚至杀人害命。

《古今小说》第二十六卷《沈小官一鸟害七命》中，写一个箍桶匠偶尔路过树林，见一个人倒在地上，身旁有一只可爱的画眉，便起了贪心，伸手提起画眉笼便要走。正巧发病晕倒后的沈小官此时醒来，看到箍桶匠要拿走他心爱的画眉，便大声骂道：“老忘八，你竟敢偷我的画眉？”箍桶匠听到沈小官的叫骂声，心想：“这老乌龟，骂人也太刻薄了。我便拿去，他倘爬起赶来，我反倒吃他亏。一不做，二不休，弄死他得了。”想到这里，便从桶里取出一把工具刀来，按住沈小官的头一勒，那刀十分锋利，他用力又猛，沈小官的头一下子就滚到了一边。箍桶匠怕被人撞见，抬头看到旁边有一棵空心杨柳树，连忙将那头提起，丢在树中。这个案件在后来发展演变成牵连到七条人命的大案。

箍桶匠的贪婪导致他谋财杀人，这种手段是丧心病狂、令人震惊的。然而，更令人震惊的是，箍桶匠杀了沈小官后回到家里，对老婆讲了杀人和销脏（杀人后他转手将画眉卖了）的经过、销赃的收入（他杀人后转手就将画眉卖了），不但没有恐惧或不安，还对老婆说："谋得这一两二钱银子，与你权且快活使用。"夫妻俩面对这带着血腥味的一两二钱银子，居然"欢天喜地"！他们的人性，可以说完全被贪欲掩没了。

贪欲可以使箍桶匠杀死一个毫不相干的无辜的人，贪欲还可以使儿子杀死自己的父亲。还是在这篇小说里，有一个穷老头黄老狗，竟然让两个儿子将自己的头割下来，冒充沈小官的头去骗取赏金。而他的两个既愚蠢又贪婪的儿子，竟然按照父亲的办法，果真割下了父亲的脑袋去领赏。这种贪欲和愚蠢，导致了人性的泯灭和道德的败坏，无异于社会的倒退、人类的耻辱！

老子说："祸莫大于不知足，咎莫大于欲得。"这话是很有道理的。奢者富而不足，因为他挥金如土，永远填不满欲壑。野心家"不知足"，篡权夺位，最终会身败名裂，遗臭万年。

知足之足，常足矣。只有知道满足，才能永远感到满足。身居高位要满足，做个普通百姓也要满足；春风得意要满足，处于逆境也要满足；腰缠万贯要满足，身无分文也要满足……满足本身是一种满足、一种幸福。这就叫"知足常乐。"

第四十七章　不出于户以知天下

原文

不出于户[①]，以知天下；不窥[②]于牖（yǒu）[③]，以知天道。其出弥[④]远，其知弥鲜。是以圣人不行而知，不见而明，弗为而成。

注释

①户：门。

②窥：看，张望。

③牖：窗。

④弥：越。

译文

不用走出家门，就能知道天下大事；不用张望窗外，就能知道自然界变化的道理。与外界接触得越多，反而知道得越少。所以，“圣人”不用行动就能掌握信息，不用去看就能作出判断，不用去做就能获得成功。

老聃智慧

老子生活的时代，没有广播、电视等传播媒介，没有电话、电传等通讯设备，要了解天下大事，很难，也很慢。当时每一条“新闻”的传递，在今人看来早已失去时效，但在当时却是很有价值的。至于其他知识的获得，更需要通过学习和其他社会活动来逐渐积累。但老子却从客观唯心主义出发，片面强调理性认识，对社会实践持否定态度，陷于唯心主义的先验论之中。

老子认为，一个人不用通过社会实践，也可以获得知识；无所作为，也可以获得成功。在求知这一点上，孔子、墨子等都要比老子来得客观、实在。尤其是墨子，特别重视对生产和军事知识的传授，并总结出十分完整的认知方法。《墨子·经上》指出：“知：闻、说、亲。”具体地说：所谓“闻知”，就是由他人传授而得的知识；所谓“说知”，就是由推论说明而得的知识；所谓“亲知”，就是由亲身经历而得的知识。由此可见，墨子不仅承认有间接获取知识的途径，更提倡直接获取知识的方法。他教育学生的方法，并不是“满堂灌”，还让学生思考，并让学生去实践。这与老子说的“不出户，知天下；不窥牖，见‘天道’”是截然不同的。

墨子是反对先验论的。他认为接受知识的通道，既不是神灵的力量，也不是自己的理性，而是五官的感受，《墨子·经下》明确指出：“知，惟以五路知。”所谓“五路”，就是五官，指的是耳、目、口、鼻、肤。但墨子也承认，要使五官的感觉得以升华，心也必须参与求知，所以《墨子·经说上》认为：“循所闻而得其意，心之察也。”

墨子对五官与心在求知过程中的作用有很详细的分析：首先，五官有认知的能力，比如耳朵能听取教诲，眼睛能看到事物，嘴巴能提出问题。其二，心有求知的欲望，比如想探求人类的过去、自然的奥秘等；而倘若学习不用心，心猿意马，心不在焉，就无法掌握知识。其三，五官能通过接触事物了解事物，比如耳朵能判断声音的大小、方位，眼睛能认识物体的形貌、颜色，嘴巴能品尝食物的滋味，鼻子能嗅出东西的气味，皮肤能感觉周围的温度。其四，心通过五官的感受推导出对某一事物的概念，比如耳朵听到音乐，到心理解音乐，便会对音乐更加熟悉；眼睛看到舞剑，到心理解剑术，便会对剑术更加熟悉。墨子认为，五官接触的事物越广泛，学到的知识也就越多。相反，老子却说“其出弥远，其知弥少”，就显得缺乏说服力了。

墨子不仅提倡多实践、多学习，还强调要评判和衡量认识是否符合“义”。《墨子·非命上》提出了三个标准：第一个标准是“有本之者”，即以上古圣王和历史的经验为立论的依据，这像高悬的明镜，能让人借鉴；第二个标准是“有愿之者”，即以人民大众的呼声为判断的根据，这像长鸣的警钟，能让人清醒；第三个标准是“有用之者”，即以国家和人民的利益为检验的根据，这像度量的准绳，能让人效法。由此可见，墨子的求知标准，有明确的价值取向。而老子则说：“圣人不行而知，不见而名，不为而成”，就显得空洞、消极了。赖在家里不动弹，怎么能掌握最新信息（当然，现在可以上网浏览、聊天，那是另外一回事了）呢？不到外面去观察，怎么对事物的发展作出判断？不付出艰辛的努力，怎么会获得成功？

老子“不出户，知天下”的观点，后世衍化为“秀才不出门，全知天下事”，成为一些人逃避社会实践的理由。在科技落后的古代，这个说法是不科学的，至少是片面的。但在知识爆炸、科学技术日新月异的今天，传播媒介无所不在，要是再借助于电子计算机，踏上“信息高速公路”，就完全可以实现老子“不出户，知天下”的理想了。

第四十八章　为学日益

原文

为学日益[1]，为道日损[2]。损之又损，以至于无为。无为而无不为。取[3]天下常以无事[4]，及其有事，不足以取天下。

注释

①益：日益增多。

②损：减少、减损。

③取：取得，夺取。

④事：举动。

译文

治学是一天比一天增加知识，修道是一天比一天减少知识。减少而又减少，一直到无为的地步。顺其自然清静无为就没有成不了的事。取得天下要靠无为，如果有为，就不足以取得天下了。

老聃智慧

老子认为，认识自然、认识社会的最终目的，是要掌握“道”。在老子眼里，知识越多，离“道”就越远。因此，他提出，要真正掌握

“道”，就要不断地破除已有的知识，以达到无为——无知无欲的境界。

《道德经》是辩证的，将“为学”和“为道”区别开来，指出这是两种认识方式；但它未免又过于极端，将学习知识和掌握“道”对立起来，宣称学习会妨碍修“道”，而认识“道”是不依赖感觉经验，也不需要理性思维的。

那么，老子把“为学”和“为道”区别开来，有没有道理呢？对此各家说法不一。有人认为是有道理的。为什么“有理”呢？因为有些貌似有学问的聪明人，往往被自己的聪明所误：有的只会寻章摘句，不能把握事物的整体；有的只会高谈阔论，不会进行实际的工作；更有甚者，有的用学到的知识去欺世盗名，有的用学到的知识去犯罪害人……这不分明如老子所云，知识越多，离“道”越远吗？

清代谢济世的笔记《戆子记》中有这样一段记载：

梅庄主人有三个仆人，一个是黠者（聪明人），一个是朴者（老实人），一个是戆者（愚笨人）。有一天，梅庄主人在自己居住的会馆里请客。酒至酣处，梅庄主人说：“如能请歌女来唱一曲助兴就好了。”这时黠者应声说：“行！”但他担心戆者会阻拦，便将戆者支开，而让朴者守住门，自己去召歌女。当黠者将歌女请来时，正巧戆者回来，他看见两个女子抱着琵琶要进门，便厉声问道：“你们要干什么？”黠者连忙说：“这是我奉主人之命召来的歌女。”戆者生气地说：“我在主人门下十余年，从未见过有歌女出入，这一定是主人醉了。”说完，就将歌女赶走了，客人们也扫兴地离去了。

还有一天晚上，梅庄主人燃烛酌酒在校书，天气很冷，酒瓶空了，脸色尚未红。这时黠者示意朴者再去沽酒，结果半路上又遇到戆者。他不让朴者去沽酒，还急急忙忙进去对主人说：“多沽伤费，多饮伤身，有损无益也。”主人听了，也只得勉强点头。不久，梅庄主人升任御史。有一天早晨，掌灯的书童一不小心，将灯油泼到主人上朝穿的衣服上了。这时，黠者就说：“这是不吉利的。”梅庄主人非常生气，命朴者去打书童。这时戆者又在旁劝阻道：“我听主人说汉代刘宽朝衣被侍婢的肉羹所污，宋朝韩琦的胡须被持烛侍卫烧着了，两人都不动声色。主人，您能说这些事，却不能做到吗？”梅庄主人迁怒于戆者说：“你出头为书童说话，是否想得到一个耿直的好名声，以换取人们的尊重吧？”戆者回答：“主人现在身居高位，常与皇帝争是非，与大臣们争论撤换官员的大事，能够做到弃官如弃敝履，迁谪如同归乡，难道主人也是为了换取耿直的好名声吗？是否有人也这样说您呢？”梅庄主人一时语塞，但心中对戆者颇为不悦。从此以后，黠者经常揭戆者的短处，并联合朴者一起劝主人赶走戆者。

后来，梅庄主人因罪下狱，等到他出狱，又被派往边远地区。这时黠者早已逃掉，朴者也要求返乡，只有戆者说：“这是主人报国之时，也是我辈报主人之时。”于是，戆者跟着梅庄主人前往边远地区了。

这篇笔记将黠者、朴者、戆者三人进行对比，写出了他们在主人得意时和落难后的不同态度。黠者善于见风使舵，事事顺遂主人之意，但在主人落难时，他却逃走了。朴者自己没有主见经常被黠者利用和差遣，到主人落难时，他便提出了辞职的要求。戆者经常违抗主人的命令，敢于仗义直言，在主人落难时，却显示出他的忠心耿耿。

戆者没有什么文化知识，说话直来直去，显得很愚笨，但却最接近老子所说的“道”。因为他忠厚、耿直、没有私心，所以就自然、率真、毫不做作。比起那些满腹经纶而又趋炎附势的人来，戆者更有道德、更讲道义，也更有资格掌握“道”。

第四十九章　圣人无恒心

原文

圣人无恒[1]心，以百姓之心为心。善[2]者善之，不善者亦善之，德[3]善也。信者信之，不信者亦信之，德信也。圣人之在天下也，歙（xī）歙[4]焉，为天下浑[5]心。百姓皆注其耳目焉，圣人皆咳之[6]。

注释

①恒：固定，不变。

②善：善良，美好，友善。

③德：同“得”，得到，品德。

④歙歙：收敛、拘谨的样子。

⑤浑：浑厚博大、无知无欲的样子。

⑥咳之：咳同孩，将他们当婴孩，引申为掩蔽百姓的耳目。

译文

“圣人”没有固定的想法，将百姓的想法作为自己的想法。对我友善的人，我对他友善；对我不友善的人，我也对他友善，就得到了他的好感。信任我的人，我信任他；不信任我的人，我也信任他，就得到了他的信任。“圣人”统治天下，要表现得拘谨无为；治理天下，要表现得无知无欲。百姓的耳目都注意着“圣人”的一举一动，“圣人”将他们都当小孩看待。

评述

老子推崇和美化“圣人”，因为这是他理想王国中的统治者。老子笔下的“圣人”，不与人争，不与世争，善于统治，而又像一无所能。“圣人”可以使百姓和睦而无欲，对待百姓，就像父母对待孩子，既有慈爱的本能，又有教诲的责任。

在通常情况下，人都有这样的心理：你待我好，我待你也友善；你对我凶，我对你也不能客气。投桃报李，是人际交往的一般准则。但老子所标榜的“圣人”却不是这样，无论别人对自己的态度如何，自己都友好地对待别人。这是一种“驭人”的智术，能起到以诚感人的目的。这种智术运用得当，可以融洽人与人之间的关系。

明代严讷辞相返回故乡海虞，想在城里造一座宅第，地基都已打好，但有一栋民房还夹在宅基地中间做钉子户，工程因此无法往下进行。这户人家是做醉腐乳生意的，房子是世代祖传的产业。主持施工的人提出用高价买他的房子，但这家主人说什么也不答应。主持施工的人只好跑来向严讷汇报。严讷说：“不要心急，我们就先造三面房子好了。”于是，施工开始了。

严讷特意关照，凡是工程队每天要食用的醉腐乳，都到这户人家去买，而且都是先付款后取货。由于订货太多，这家夫妻俩每天都从早忙到晚，却还是供应不上，只得请人来帮工。后来请的雇工越来越多，腐乳作坊获利越来越大，工具器物也增加了好几倍，家中所积贮的米豆也多了，这样一来，原有的房子明显有些狭小不够用了。这对夫妻感激严讷以德报怨的善举，心中惭愧当初拒绝搬迁，于是他们将房契献给严讷。严讷收过房契，马上替他们置换了一座附近的房宅，比以前宽敞明亮得多。这对夫妻非常满意，很快便搬到新居去了。

一个退休的相爷，不与卖腐乳百姓斤斤计较，这在封建社会是非常难能可贵的。那对做醉腐乳生意的夫妻，又为什么从坚决不肯搬迁到主动献上房契呢？换房的整个过程，其实就是换心的过程，即严讷以相爷之尊，终于赢得了“小民”之心。严讷换房成功的关键，是用自己的德惠，既给人家以实利，又给人家以感动。在有心无心、有意无意之间，改变了对方的意向。

由此可见，老子说的“圣人无常心，以百姓心为心”是很有道理的。用现在的话来说，就是贴近群众，了解群众，将群众的合理要求变为现实。反之，如果脱离群众，不知群众想些什么、需要什么，即使的设想很好，也未必能使群众接受。

第五十章　出生入死

原文

出生入死[①]。生之徒，十有三[②]；死之徒，十有三；而民生生，动皆之于死地，亦十有三。夫何故也？以其生生[③]也。盖闻善摄生[④]者，陆行不遇兕[⑤]虎，入军不被[⑥]甲兵；兕无所投其角，虎无所用其爪，兵无所容其刃。夫何故？以其无死[⑦]地焉。

注释

①出生入死：出现于世上，入于地下；生死交界点（动态的）。

②十有三：人的七情六欲。

③生生：追求生存，求生的本能；养生。

④摄生：养生，保命；保持生命。

⑤兕：形似犀牛的独角兽。

⑥被：披，穿、受。

⑦死：致死之处。

译文

人脱离了生就进入了死。世上有利于生的人占十分之三，趋向于死的人占十分之三，人们因求生却反而动辄自蹈于死地的，也占十分之三。为什么会这样呢？那是因为他们过度求生。听说善于保存自己的人，在陆地行走不避犀牛、老虎，在战场上不受兵器所伤害。因为犀牛角触不到他，虎爪碰不到他，兵器伤害不到他。这又是什么缘故呢？因为他身上没有可以致死的地方。

老聃智慧

老子生活的春秋时代，正是战争不断、烽火四起的时期。诸侯争霸，列国兼并，干戈大动，杀声震天。战争摧毁了原有的纲常秩序，社会在动荡中变革，时代在硝烟中前进。战争勾画出一幅幅尸骨如山、血流成河的图景。战争，使生命变得十分脆弱，因此战争在人们心头笼罩着死亡的阴影。但战争也让生命变得十分顽强，在极端艰苦的条件下有人能坚持下来，因此战争成了人们保存自己、逃避死亡的一种游戏。

真有这样的“善摄生者”（善于保存自己的人）吗？老子认为是有的。但“善摄生者”并不是铜头铁臂、刀枪不入的人，他也是血肉之躯。在残酷的战争中，死亡的概率十分高。越是贪生怕死、追求生存，越有可能遭到死亡的威胁；越是无所畏惧、勇往直前，越有可能躲过死亡的厄运。勇敢和智慧，正是消灭敌人、保存自己的重要条件。

人们为什么追求生存、害怕死亡呢？ 因为活着是美好的、温馨的，死亡是可怕的、冰冷的。中国有句老话叫做“好死不如赖活”，可谓道出了常人的心态。人们都知道生命的宝贵，所以留恋生、厌恶死，古今中外皆是如此。

古希腊人由于眷恋生命，因此对死亡十分恐惧。《奥德修纪》中有这样的描述——阿喀琉斯的鬼魂在阴间对奥德修说：“光荣的奥德修，我已经死了，你何必安慰我呢？我宁愿活在世上做人家的奴隶，侍候一个没有多少财产的主人，那样也比统率所有死人的魂灵要好。”这番话，反映出古希腊人对生与死的鲜明态度。

古埃及人的眼中，生命是永恒的，死亡是暂时的。他们把死亡看作是生存的一种转换形式，而这种转换只是宇宙规律中的一个组成部分。也就是说，死亡是从一个世界走进另一个世界。生的世界光明，死的世界黑暗。与有始无终的死的长眠相比，生的旅程虽然短暂，但却富有意义。

在古埃及的一块碑刻上，有一段墓中的亡妻对丈夫倾述的记录：

我的哥哥，我的亲人，我的朋友，最最伟大的工匠，别不喝，不吃，不醉，不爱。要欢娱，日夜随心所欲。别让焦虑在心头。人生几何？西方（死者之地）只不过是寂暗之所，居住其中的人忧郁不堪。最荣耀的人像神一样长眠，不能醒转来看看弟兄，不能看顾父母，无妻无子……我只愿汲水而饮，迎着北风站在尼罗河畔。

可见，古埃及人对生存是多么留恋！虽然，活着有痛苦、有挫折，但正因为生活有酸甜苦辣，才有滋有味、丰富多彩。与无声无息、无情无义的死亡相比，生命太宝贵了。

老子要人们避开死亡，寻求生存之策，正是对生命的珍惜和对自然的回报。自然就是“道”，“道”生万物，包括人。重视生命，就是重视“道”。老子说这番话，首先是针对战争中如何保存自己而言，但推而广之，也可运用于向死亡挑战的各个方面，诸如如何战胜病魔、饥饿及各种自然灾害等。一切对人的生命构成威胁的东西，人们都要竭力避开它、战胜它，这也是一种人生意义，这也是一种悟“道”。

第五十一章　道生之，德畜之

原文

道生之[①]，德畜[②]之，物形[③]之，器成之。是以万物莫不尊道而贵德。道之尊，德之贵，夫莫之爵而常自然。道生之畜之，长之育之，亭[④]之毒[⑤]之，养之覆之。生而不有[⑥]，为[⑦]而不恃，长而不宰[⑧]，是谓玄德。

注释

①之：指万物。

②畜：畜养，养育。

③形：形成，物成其形。

④亭：通“成”，成长，稳定。

⑤毒：通“熟”，成熟，安抚。

⑥有：占有。

⑦为：辅助，推动。

⑧宰；主宰。

译文

“道”产生万物，“德”蓄养万物。万物都有各自的形态，从而才成为了有个性的各种具体事物。所以万物都尊重“道”而又珍贵“德”。“道”之所以被尊重，“德”之所以被珍贵，并不是出于谁的意志，而是因为它们永远处于自然无为的状态。因此，“道”产生万物，“德”蓄养万物，生长万物，发育万物，稳定万物，安抚万物，熏陶万物，保护万物。“道”产生万物而不占为己有，辅助万物而不自恃有功，长养万物而不主宰它们，这称作深奥的德。

老聃智慧

老子作为一名伟大的哲学家，他既在探求万物的本源，又回答了有关自然和社会的许多问题。万物千姿百态，问题千头万绪，如何探求、如何回答？老子的高明在于，他不去就一事一物作具体的分析和解释，而是紧紧抓住一点：宇宙万物的本体是“道”，它体现于万事万物之中。老子将体现于具体事物中的“道”，称之为“德”。万物由“道”而生，万物诞生后又靠自己的本性不断生长。万物的诞生和成长全依赖于“道”和“德”，因此，“万物莫不尊‘道’而贵‘德’”。

《道德经》认为，“道”和“德”是相通的，万物的本性能体现作为其本源的“道”的性质。所谓得“道”，完全是出于自然，而不是谁的意志所能决定的。

正因为“道”没有为物所累、为名所累、为权所累，才如此洒脱、自然、无为、永恒！人也是如此，应该潇洒些，不要追名逐利，不要沽名钓誉。然而，现实生活中，许多人都做不到这一点。有的人野心勃勃，什么都想霸占，到头来竹篮打水一场空；有的人做了一点好事，便以“功臣”自居，免不了为人所讥；有的人大权在握，恐怕有权不用，过期作废，却种下以权谋私的祸根。

生活中，我们不乏这样的经验：花看半开，最富情趣；酒饮微醉，最有意味。如果花已开得美艳烂漫，便即将谢去；如果酒已喝得酩酊大醉，便俗不可耐。追求完美、喜好极致，是人的优点，也是人的缺点。物极必反，却是谁也无法改变的规律。

人往往害怕失败。虽然大家都知道“失败乃成功之母”，却还是难以排解遇到失败时的不快情绪。这是因为，成功不知何日何时，失败却是眼前的事实。人们往往把成功者奉为“英雄”，把失败者贬为“狗熊”，这就导致了人们害怕失败，追求成功、追求完美的心态。

其实，真不应该以成败论英雄。

曹操、刘备、孙权，哪个不是英雄？英雄也有失败、落难之时。三国时代，人才辈出，论文韬、武略、智计、勋业，首推曹操。连智慧过人的诸葛亮也不得不承认“曹操智计，殊绝于人，其用兵也，仿佛孙吴。”

由此可见，曹操的确是位大英雄。然而，这样一位声名显赫、手握百万雄师的大英雄，却在赤壁之战中一再中计，几乎导致全军覆没。不过，曹操毕竟是真英雄，即使败得如此之惨，依然极有风度。他在乌林、葫芦口、华容道三次中埋伏之前，不是“仰面大笑”，就是“扬鞭大笑”，而且还有心情指点一番、评论一番，显示出作为一个统帅的镇定自若。华容道遇关羽断路，曹操军队人困马乏，已无力复战。这时曹操又以机智说动关羽放行，在生死关头再次显示出遇险不馁的英雄本色。

成功和失败，往往只有一步之遥。老子言“道”，是指点人们走向成功之路，避免走弯路。然而，老子并不贬损失败，因为通向成功的路，往往是由失败中所取得的经验作铺垫的。

第五十二章　天下有始

原文

天下有始①，可以为天下母②，既得其母，以知其子③；复守其母：没身不殆④。塞其兑⑤，闭其门⑥，终身不勤⑦。开其兑，济其事，终身不救。见⑧小曰明，守柔曰强。用其光，复归⑨其明，无遗⑩身殃，是为袭⑪常。

注释

①始：本始，开端；指“道”。

②母：本源，根源；指“道”。

③子：指天下万物，是道的儿子。

④殆：危险，失败。

⑤兑：耳目口鼻。

⑥门：指耳目口鼻等感知认识的门户。

⑦勤：疾病，疲劳。

⑧见：察见。

⑨归；返回，回复。

⑩遗；招致，留下。

⑪袭：因袭、遵循。

译文

天下万物有一个起点，以作为天下万物的本源。既知道了本源，就可以认识万物；既认识了万物，就应该守住本源。只有这样，才能终身不会失败。塞住口，闭上眼，终身不会疲劳。张开嘴，做事追求完美，终身难以自拔。能看到精微之处叫做“明”，能保持柔弱的地位叫做“强”。能以自己的智慧之光，回复到明察秋毫的境界，便不会给自己留下灾祸。这就是因袭不变的常道。

老聃智慧

老子从自然和社会的发展规律中，提炼出“见小曰明，守柔曰强”的朴素辩证法思想。尽管这一思想很难为人们所接受，但老子还是不厌其烦地对它进行宣传。而在宣传这一思想时，老子又要人们闭目塞听。这又是为什么呢？这是因为老子过分强调了理性在认识过程中的作用，而忽视了感性认识的重要意义。

老子为什么要说“守柔曰强”呢？这也是他的一个重要的辩证思想。老子认为，强与弱在一定条件下可以相互转化。当然，这种转化是有条件的，只能在一定的环境中才会起变化。

明武宗朱厚照有一次南巡，提督江彬护驾。江彬率领的将士都是西北地区的壮汉，身材魁伟，虎背熊腰，力大如牛。南京兵部尚书乔宇让亲信在江南习武拳师中挑选一百多个高手，个个矮小精悍。乔宇和江彬相约，每天在校武场上比武。这批江南拳师，虽然长得矮小，却极其灵活，跳跃如飞。那些西北壮汉虽然人高马大，但比较粗笨，反应较慢。他们开始不把江南拳师放在眼里，自恃力大，出拳极重，可是总是打不中对方。好不容易与江南拳师交上手，却不是被莫名其妙地撞击了肋骨，就是被稀里糊涂地触到了腰部，结果全都被打翻于地，动弹不得。江彬从京都南下，原本骄横跋扈，不可一世，但因与乔宇较量，屡战屡败，气焰顿时消减，他原有的蓄谋篡位的企图也因此被悄悄地打了折扣。

乔宇所用的，就是“守柔”的策略。面对高大的西北汉子，他没有勉为其难地从江南人“矮子中拔长子”。因为他知道，在体形上，江南人绝不会占优势。所以，他故意挑选身材矮小，但武功必须高强的江南拳师去比武。从表面上看来，乔宇是以弱旅迎战强师，但实际上这正是“守柔”——不是真的以弱击强，而是以假弱伪装真强，以己之长，击敌之短。身材短小只是表面的柔弱，但这“柔弱”却蒙蔽了对手，使之轻敌，不能及时调整战术，结果一败涂地。乔宇敢于以弱击强、以矮击高，关键在于他既能正确估计自己的力量，又能正确估计对方的力量，所以能屡屡得手，大获全胜。

“守柔”有其积极的一面，也有其消极的一面。如果面对激烈的竞争，不思进取，也是没有出息的。而知己知彼，扬长避短，击败对手，才是真正的“汉子”。当然，在竞争中，大可不必锋芒毕露，以免暴露“火力”，让对手洞悉了实力。总之，在竞争激烈的现代社会，“守柔”也好，“养晦”也好，只要运用得当，便能出奇制胜，稳操胜券。

现代社会，竞争激烈，远非古人所能想像。因此，宜提倡积极进取，而不宜提倡甘居下游。这在不同的人身上，又有不同的反映。一般来说，年轻人接受新生事物较快，没有思想包袱，积极性较高，所以不怕没闯劲，只怕闯劲太大，过于鲁莽，因而要告诉他们“守柔”的奥妙。而老年人生活阅历较多，饱经风霜，有过各项“运动’的经验教训，所以不怕不稳重，只怕稳重过头，因而要告诉他们“守柔”的奥妙。

第五十三章　使我介然有知

原文

使我介[①]然有知，行于大道，唯施[②]是畏。大道甚夷[③]，而民好径[④]。朝[⑤]甚除[⑥]，田甚芜[⑦]，仓甚虚[⑧]，服文彩[⑨]，带利剑，厌[⑩]饮食，财货有余，是谓盗夸。非盗也哉！

注释

①介：确实，智慧。

②施：邪，斜，不正。

③夷：平坦。

④径：斜径，小路。

⑤朝：朝廷。

⑥除：整洁。

⑦芜：荒芜。

⑧虚：空虚。

⑨文彩：艳丽、漂亮的衣裳。

⑩厌：饱食。

译文

假如我确实有智慧，走在大道上，最怕误入邪路。大道十分平坦，而人们却爱走小路。宫殿非常整洁，田地非常荒芜，仓库非常空虚，有人却穿着华丽的衣裳，佩带着锋利的宝剑，吃着山珍海味，财产多得数不清。这样的人就叫做强盗头子。这真是无道啊！

老聃智慧

老子把统治者攫夺百姓的劳动果实看作是强盗行径。他提醒统治者：只知攫夺、奴役人民，贪图花天酒地，与强盗头子无异，是不合乎“道”的，必然会走上穷途末路。因为，统治者的荒淫无度、奢侈享受，必然会激起人民大众的反抗。

这种情绪，在《诗经》中屡有反映。如《伐檀》一诗中写道：

坎坎伐檀兮，置之河之干兮。河水清且涟漪。不稼不穑，胡取禾三百廛兮？不狩不猎，胡瞻尔庭有悬貊兮？彼君子兮，不素餐兮。

这里说的是，伐木者整天在河边劳动，却一无所有，那些“君子”不种地、不打猎，却稻谷满仓、猎物挂满了庭院。伐木者面对这种现状，情不自禁地发出了质问，问那些“君子”为什么能不劳而获。这种质问直率、尖锐，表现了劳动人民对于不合理的社会的清醒理解。

又如《硕鼠》一诗中写道：

硕鼠硕鼠，无食我黍！三岁贯汝，莫我肯顾。逝将去汝，适彼乐土。乐上乐土，爰得我所。

这里说的“硕鼠”，就是指《伐檀》中不劳而获的贵族老爷。用“硕鼠”去骂他们，确实很恰当，因为这个词能够生动形象地揭示出剥削阶级的贪婪本质。而劳动人民要“适彼乐土”，则是对于一个没有剥削、没有压迫的社会的向往，显示出当时劳动人民敢于反抗的决心。

诸如《诗经》中劳动人民的心声，老子是目有所睹、耳有所闻的。因此，他告诫统治者，如果无休止地搜刮人民的劳动果实，是一种强盗行径，是不合乎“道”的。历史上，凡是有作为的统治者，都有富民强国之策，而不是只知攫取。

春秋时，齐国原是一个不很发达的国家，其井田中的徭役田极不景气。而且齐国的贵族只知剥削、压榨劳动人民，用以大肆挥霍。在这种情况下，劳动者对于种植公田丝毫没有积极性，甚至大批逃亡，使得公田大量荒芜。

齐桓公执政时，对这种现状十分忧虑，问管仲有什么办法。管仲说：“应当按照土地的好坏，实行地租的差等征收制。”管仲之所以把分等级征收地租作为突破口，因为农业是当时经济的基础，也是富民强国的基础。管仲还制定了两条政策：一是“均地分力”，即按劳动力平均分配包括公田在内的全部耕地；二是“与之分货”，即实行按产量分成的实物地租制。这两项政策，体现了管仲富民强国的思想。这样做，既发展了农业经济，改善了农民的生活，又使齐国富强了起来，有了“凝聚力”，人民逃亡的现象消除了。

齐桓公实行了管仲提出的方案，终于称霸诸侯，成为当时最出名、最具实力的君主。

宋代王安石变法，与管仲一样也是以富民强国为目的的。但王安石变法涉及面较广，是全方位展开的，内容包括制置三司条例田、青苗法、均输法、市易法、方田均税法、农田水利法、专利案法、免役法、免行钱法、保甲法、保马法、减兵置将法、军器监、科举改革法、教育改革法等。面对宋朝当时“积贫”“积弱”的现状，王安石采取了两种方法：一是通过发展生产来增加财富；二是利用经济杠杆来调节社会各阶层的收入，从而把豪富商贾中的一部分剥削收入转为国有。

而这两种方法，都不会增添农民的负担，却能达到富民强国的目的。

同样是统治者，管仲、王安石就显得比较高明。他们不采取强盗般攫夺的手段，而是以发展生产、提高人民的生活为前提，从而达到使国家逐渐富强起来的目的。

第五十四章　善建者不拔

原文

善建者不拔①，善抱②者不脱③，子孙以其祭祀不辍④。修之身，其德乃真；修之家，其德有余；修之乡，其德乃长⑤；修之邦，其德乃丰⑥；修之天下，其德乃普⑦。以身观身，以家观家，以乡观乡，以邦观邦，以天下观天下。吾何以知天下之然哉？以此。

注释

①拔：拔出，动摇。

②抱：紧抱，保持。

③脱：脱离，丧失。

④辍；停止，断绝。

⑤长：长久。

⑥丰：丰厚，昌盛。

⑦普：普及，博大。

译文

善于创建功业的人不会使功业动摇，善于保持功业的人不会使功业丧失，这样的人作为统治者，子子孙孙都会不断地祭祀他。用“道”

来修身，他的“德”就会真实；用“道”来治家，他的“德”就会充裕；用“道”来治乡，他的“德”就会长久；用“道”来治国，他的“德”就会昌盛；用“道”来治天下，他的“德”就会普及。按以上所说的去做，就可以通过自己观察自己，通过家庭观察家庭，通过乡里观察乡里，通过国家观察国家，通过天下观察天下。为什么我能知道天下的所以然呢？就是运用了以上的道理。

老聃智慧

老子希望统治者不要只知享受，过奢侈的生活，而应该多考虑些人民的利益，为人民做些好事。这样做，就是用“道”来治理天下，用“德”来处理世事，这样就会逐渐形成“道普德溢”的局面，天下才能太平，人们才能仁爱。

不过，要想用“道”来治理天下，使“德”真正得以普及，必须要有战略优势。用现在的话来说，综合国力强，才能造成这种战略优势，使邻国乃至远国都心悦诚服。我国历史上，常有“来远国”的说法，意思是：中原政治昌明，有尧舜之君，王化大行，便能使远方四夷的小国自动前来归降、朝贡。“来远国”的“来”字，是个使动用法，即“使人家来”的意思。为什么能“使人家来”呢？比如盛唐时期，气象恢弘，国力鼎盛，中国无论在政治、军事方面，还是经济、文化方面，都有很大的优势，所以四方邻国慑于强大的威势，纷纷前来修好。

然而，整体上的战略优势，并不能说明在某些具体方面都占优势。但出于中原帝王的虚荣，同时也因为外交上的需要，所以任何劣势也不想示之于人，而是巧妙地加以掩饰了。

如唐代张鹜所著的《朝野佥载》里讲述了这样一件事：

唐太宗执政时，西域一个小国来了一位使臣，这位胡使很擅长弹琵琶。唐太宗不愿让“堂堂天朝”在任何方面稍逊于西域小国，于是就让著名乐师罗黑黑隔帷偷听西域胡人演奏的琵琶曲。当胡使一曲弹奏完毕之后，唐太宗说：“你弹的这支曲子我的宫女也会弹。”说完便命假冒成宫女的罗黑黑弹奏了一遍刚才的曲子。这一下，胡使被震住了。这件事传到了西域，结果西域几十个小国纷纷前来归降。

大唐天子喜欢抖擞中原威风，但确有广阔的胸襟和风度，所以能沟通各国，南来北往，缔造了一派繁荣祥和的景象。尤其是通过与各国的文化交流，培养了许多各国派来的留学生，将中原的气息及一切文明成果，传播到了各国。这些留学生回国时，满载着大唐从器物文化到制度文化的所有样态，从政治思想到科技教育的所有信息，从而加速了他们自己国家的发展。

贞观十四年，留学大唐而毕业回国的新罗留学生和其他人员达一百多人，崔致远是其中最出名的新罗留学生。他 12 岁入唐，18 岁考中进士，是同学中的佼佼者。新罗留学生回国后，仿照唐制建立了教育制度，规定了以儒家经典为主的教育内容，促进了中韩文化教育的交流。

日本奈良时代，在向中国派出遣唐使的同时，还派出了留学生和留学僧，每次多达数百人。唐朝对东瀛使者和留学生颇为关照，他们不仅会得到皇帝的亲自接见，而且在大唐的衣食住行也是免费的。这些留学生回到日本，将唐文化融合于日本文化之中，使日本在政治制度、文化艺术、科技教育等领域都得到了飞速的发展。

老子所说的“其‘德’乃普”的境界，其实都是以实力来实现的。但这种实力不是用武力来扩张，而是向外传播文明，用以显赫国家，嘉惠人类。

第五十五章　含德之厚

原文

含德之厚，比于赤子。蜂虿（chài）虺（huǐ）蛇[①]弗螫（shì）[②]，攫（jué）[③]鸟猛兽不搏[④]。骨弱筋柔而握固。未知牝[⑤]牡[⑥]之合[⑦]而朘作[⑧]，精之至也。终日号而不嗄[⑨]，和之至也。和曰常，知知曰明，益生[⑩]曰祥[⑪]，心使气曰强[⑫]。物壮[⑬]则老，谓之不道，不道早已。

注释

①蜂虿虺蛇：指蜂、蝎、毒蛇之类。

②螫：刺人，毒害。

③攫：猛禽用爪疾取的动作。

④搏：捕捉，搏击。

⑤牝：雌性鸟兽。

⑥牡：雄性鸟兽。

⑦合：交合，阴阳调和。

⑧作：勃起，翘起。

⑨嗄：哑。

⑩益生：助益，过分纵欲贪生。

⑪祥：妖祥，灾殃。

⑫强：勉强。

⑬壮：强壮，壮大。

译文

有深厚之“德”的高人，就好像无知无欲的婴儿。蜂蝎毒蛇不能伤害他，猛兽不能侵犯他，巨禽不能搏击他。婴儿筋骨柔弱，但东西却握得很牢固。婴儿还不懂得男女交合，但小生殖器却经常勃起，这是因为精气十分旺盛的缘故。婴儿整天号哭而嗓子不哑，这是因为元气十分淳和的缘故。懂得阴阳和合的道理，这就叫懂得了常“道”。懂得了常“道”，这就叫明智。过分纵欲贪生，这就叫自找灾祸。不顾一切地意气用事，这就叫勉强。万物壮大了便逐渐走向衰老，不知这个道理而强求壮大，这就叫不符合“道’，不符合“道”就会提早灭亡。

老聃智慧

老子对有“德”之人极力推崇，希望人们去仿效。因为有“德”之人将“道”人格化了，显得轻松自然，与世无争。有“德”之人纯朴、无邪，所以能战胜丑恶、凶横。有“德”之人不走向极端，不走向顶点，因为他们知晓物极必反的道理。

老子之学，本属传统的“内圣外王”之道，也就是以哲学意义上的“道”来统领个人修身养性及治政、用兵之“道”，其中虽包含有炼养术，但绝不止于炼养术。老子从不追求成仙升天，但后世研究者在研究《道德经》时，却发现其中有极为丰富的养生之道，如河上公就是从炼养长生的角度来解释《道德经》的。又如道教将老子神化为“太上老君”，将他奉为教主或教祖之一，既有宗教的含义，也有养生的角度。

《道德经》所论述的“专气致柔”“抱一处和”“致虚守静”等原则，被道教炼养家所宗承发挥，成为道教炼养思想的主要渊源。

老子有关“含‘德’之厚，比于赤子”的论述，给道教炼养家以深刻的启发。道教炼养家认为，如果人能够返还于婴儿时期的无知无欲状态，最好能返还于胎儿时期的混沌守一状态，就能断后天生死之路，升天成仙了。

老子骑青牛飘然而去，他的形踪便是一个谜——是隐居还是成仙，是登天还是入世？不管是哪一种，他肯定是长寿的，因为他是个杰出的养生家。他阐述的养生之道，值得世人细细去品味。

第五十六章 知者不言

原文

知[①]者不言[②]，言者不知。塞其兑[③]，闭其门[④]，挫其锐，解其纷，和其光，同其尘，是谓玄同[⑤]。故不可得而亲，亦不可得而疏；不可得而利，亦不可得而害；不可得而贵[⑥]，亦不可得而贱。故为天下贵。

注释

①知：通“智”，聪明、智慧。

②言：讲，说。

③兑：口。

④门；指耳目口鼻等感觉器官。

⑤玄同：指玄妙齐同的“道”。

⑥贵：作“贞”，尊崇。

译文

聪明的人不夸夸其谈，夸夸其谈的人绝不聪明。塞住嘴巴，闭上眼睛，挫掉锋芒，去掉纷扰，遮蔽光芒，混同尘俗，这就叫做“玄同”。所以，对于做到“玄同”的人，既不能亲近他，也不能疏远他；既不能对他有利，也不能对他有害；既不能使他尊贵，也不能使他卑贱。

因此，天下都对他极为尊崇。

老聃智慧

老子是个绝顶聪明的哲人，见闻广博，但他一点也不啰嗦。正如他写下了流传千古的《道德经》，却只用了五千个字，可谓高度的凝练、概括，惜字如金。因为他知道，多言就会显得无知和浅薄。尤其是说那些没用的空话、废话，更是浪费口舌。至于说那些虚伪的假话、谎话，则是自欺欺人。

我国古代很讲究言不在多，但必须守信的道理，因为守信就能得到人们的信任。一般老百姓讲不讲信用，只是关系到人际关系，而政治家、军事家讲不讲信用，则关系到治军、治国的大事。

商鞅准备在秦国变法，制定了新的法律。为了使百姓相信新法是能够坚决执行的，他在京城南门口树了一根大木，然后对围观的老百姓说："谁要能将这根木头从南门搬到北门，就赏他五十金！"大多数人都不相信有这样的好事，都担心商鞅不会守诺。正在大家犹豫不决时，有一个人扛起木头，从南门一直走到北门。商鞅当场兑现，赏给他五十金。

正因为商鞅的信守承诺，所以他立的法也得到了百姓的拥护，人人遵守。这样的故事历史上有很多。

有一次，孙武去见吴王阖闾，与他谈论带兵打仗之事，说得头头是道。吴王心想："纸上谈兵有什么用，让我来考考他。"于是他便出了个难题——让孙武替他操练姬妃宫女。

孙武挑选了一百个宫女，让吴王的两个宠姬担任队长。宫女们嘻嘻哈哈，议论纷纷："女人们也要操练，真是稀罕！"孙武将列队操练的要领讲得清清楚楚，但正式喊口令时，这些女人却笑作一堆、乱作一团，谁也不听指挥。孙武便说："可能我没有将要领讲清楚。"便又复述了一遍，但一喊口令，她们还是老样子。孙武再次讲解了要领，并要两个队长以身作则。但他一喊口令，宫女们还是满不在乎，两个当队长的宠姬更是笑弯了腰。孙武严厉地说道："这里是演武场，不是王宫。你们现在是军人，不是宫女。我的口令就是军令，不是玩笑。你们不按口令操练，两个队长带头不听指挥，这就是公然违反军法，理当斩首！"说完，便叫武士将两个宠姬杀了。

姬妃宫女们见状，立刻都被吓傻了，操练场一下子变得安静起来。当孙武再喊口令时，她们步调整齐，动作划一，有如训练有素的军人一般模样。孙武派人请吴王来检阅，吴王为失去两个宠姬而惋惜，没有心思来看宫女操练，只是派人告诉孙武："先生的带兵之道我已领教，由你指挥的军队一定纪律严明，能打胜仗。"

商鞅和孙武没有说什么废话，而是从立信出发，来维护国法、军法的严肃性。前者使用的是奖赏的方法，以五十金的代价，让人们相信按照法律办事是必须的、正确的；后者使用的是惩罚的手段，以两颗人头的筹码，换得了军纪森严、令出必行的效果。

话不要多说，要说就说在点子上；话无须多说，说了就要算数。精辟的理论，需要语言来传达，但语言也必须精辟；闪光的思想，需要语言来表述，但语言也必须闪光。语言是理论的外壳，语言是思想的载体。我们不要忽视它的作用，但我们也不要过分去追求它的效果，一切任其自然。老子及其《道德经》，为我们提供了驾驭语言的楷模。

第五十七章　以正治国

原文

以正[1]治国，以奇[2]用兵，以无事[3]取天下。吾何以知其然哉？天下多忌讳[4]，而民弥[5]叛；民多利器[6]，而家滋昏；人多知而奇物[7]滋起；法令滋彰[8]，盗贼多有。是以圣人之言曰："我无为，而民自化[9]；我好静，而民自正[10]；我无事，而民自富；我无欲，而民自朴[11]。"

注释

①正：平正，正统。

②奇：特殊，变化无常的。

③无事：自然的、无为。

④忌讳：禁忌，禁令；人们所不敢谈论的。

⑤弥：越，更加。

⑥利器：精良的器物。

⑦奇物：奇异的器物。

⑧彰：明白，明确、表白。

⑨自化：自然归化。

⑩自正：自然安稳。

⑪自朴：自然纯朴。

译文

用常见的、正统的方法治理国家，用特殊的、变化的方法布阵打仗，用自然的、无为的手段来取得天下。我怎么会知道这个道理呢？这是因为：天下的忌讳越多，百姓就越贫困；百姓掌握的器械越多，国家就越混乱；人们掌握的技能越多，奇异的事物就越会出现；法律条文越明确，强盗小偷就越多。所以圣人说："我无为而百姓就自然地归化，我好静而百姓就自然地安稳，我无事而百姓就自然地富裕，我无欲而百姓就自然地纯朴。"

老聃智慧

老子的治国之道，乃是"无为"二字，一切听任自然。他反对制定繁琐的法律，觉得法律条文越多，带来的麻烦也越多。因此，他对法家变法、革新的主张提出了尖锐的批评，甚至说："法令滋彰，盗贼多有。"这种责难，确含偏颇。法家讲"法"，是"以道为常，以法为本"。这个"法"，包括了政策、法令、制度，是与其政治上要求建立封建大一统国家的法治思想相适应的。如法家集大成者韩非提出："世异则事异"，"事异则备变"，这种要求革新的呼喊，是以历史进化观念为基础的。所以说，老子推崇上古圣人的"无为而治"，就等于走上了"是古非今"的复古主义道路。

老子不主张法治，所以会说"法令滋彰，盗贼多有"的说法。历史上，确实也有不以法律条文来惩治盗贼的官员。宋代郑克所著《折狱龟鉴》中就有一则这样的记载：

南齐王敬则为吴兴太守，有一次衙门抓了一个小偷。王敬则并没有用刑律来处罚这个小偷，而是让小偷的的亲戚朋友都去鞭挞他，同时命令小偷每天都要去扫大街。一段时间后，又让小偷检举以前认得的小偷来代替自己。就这样，当地的小偷们害怕被认出，纷纷逃走，吴兴境内再也没有贼患了。

吴兴太守处置小偷的办法在当时的社会环境下或许是有效的，但用今天的眼光来看，却有些不合时宜了。所以说，老子所设想的不用法律的“无为而治”的社会，在他那个时代行不通，在今天依然行不通。俗话说“无法无天”，说明没有法律或藐视法律是多么危险。一个健康的社会，一个法制健全的国度，法律能惩治犯罪，法律能保障公民的合法权益。

第五十八章　其政闷闷

原文

其政闷闷[①]，其民淳淳[②]；其政察察[③]，其民缺缺[④]。祸兮，福之所倚；福兮，祸之所伏。孰知其极[⑤]？其无正[⑥]也。正复为奇[⑦]，善复为妖[⑧]。人之迷也，其日固久矣。是以圣人方[⑨]而不割，廉[⑩]而不刿[⑪]，直[⑫]而不肆[⑬]，光而不耀[⑭]。

注释

①闷闷：是说国家的政治不清明，没有制度、法律、教育、文化，不辨善恶，不用赏罚。

②淳淳：淳朴，忠厚。

③察察：水清明。其政察察，是说国家的政治清清明明，有制度、法律、教育、文化，辨善恶，行赏罚。

④缺缺：狡诈，狡猾。

⑤极：结果、界限。

⑥正：准则。

⑦奇：异常，反常。

⑧妖：妖孽。

⑨方：方正。

⑩廉：棱角。

⑪刿；尖刺。

⑫直：正直。

⑬肆；繮绳拉紧的样子。

⑭耀：耀眼的阳光。

译文

当政者营造宽厚、宽松的政治环境，百姓就淳朴；当政者营造明察、严谨的政治环境，百姓就狡猾。灾祸呵，紧靠着幸福；幸福呵，埋伏着灾祸。谁知道它的界限呢？有没有固定的准则呢？正常可以变为异常，善良可以变为妖孽。人们的迷惑不解，由来已久了。因此，“圣人”行事，方正并不像刀切成的那样，棱角并不像尖刺那样，正直并不像僵绳拉紧那样，光亮并不像耀眼的阳光那样。

老聃智慧

老子作为伟大的哲学家，对于矛盾双方相互转化的问题有着深刻的认识。他看到了“祸兮，福之所倚；福兮，祸之所伏”的转换；便认识到“正复为奇，善复为妖”的变化。这种转换和变化，符合矛盾转化的普遍法则。而这种法则，主要反映的是事物的内在运动规律，体现出事物的自我否定特性。

坏事可以变好事，好事可以变坏事，祸福之间，并没有天壤之别。权贵可以贬为平民，囚徒可以成为宰相，两者之间只是一步之遥。

《史记》记载：

殷高宗武丁德行高尚。登基后，他立志要使殷代复兴起来，但却找不到一个贤臣来辅佐自己。因此，武丁非常烦闷，在父王小乙去世居丧的三年中，他一句话也不愿说，就像个哑巴。如果一定要说话，也只是通过书面传达。一天，武丁做了个梦，梦见天帝给他推荐了一个贤臣，此人背有点驼，身穿一件粗麻布衣服，胳膊上套着绳索，正弯着腰在干活。武丁见他像个囚徒模样，就过去和他谈话。恍惚中，武丁觉得那个囚徒对自己说了许多有关天下的大事，句句都打动了自己的心。武丁正要问那囚徒的名字，却被一阵早朝的钟声惊醒了。

上朝时，武丁将梦中那个囚徒的形象刻画在一块木板上，让群臣仔细观看，然后要他们照着图像去寻访此人。大臣们找了很久，终于在北海的傅岩找到一个名叫说的囚徒。这个囚徒身穿一件粗麻布衣服，胳膊上套着绳索，背有点驼，面容与武丁所画之人非常像，大臣们便赶紧将他带入宫中。

武丁见到此人，觉得和梦中所见一样，非常高兴，马上和他交谈起来。这次谈话，是武丁自父王去世三年来第一次开口说话。这个囚徒见到武丁，态度沉着稳重，侃侃而谈，显示出了渊博的学问和开阔的胸襟。他的才能非常契合武丁的心意，武丁立刻任命他为宰相。由于他来自傅岩这个地方，便以“傅”为姓，称他为“傅说”。傅说做了宰相后，没有辜负武丁的期望，将国家治理得井井有条，帮助武丁实现了复兴的梦想。

傅说从囚徒一跃而为宰相，其变化在一夜之间。他人生道路的转机，看上去好像与武丁做的一个梦有关，但实际上，如果他没有渊博的学问和治国的良策，又怎么会得到武丁的赏识？所以说，武丁梦天帝赐辅臣，只是傅说得见国君的一个机会，而真正使傅说改变命运的，是他自身的学识和能力。

历史上，颇多祸变福、福变祸，凶变吉、吉变凶的例证，如《战国策·宋策》记载：

宋康王的时候，有只小鸟在城墙的角落生了只鹞鸟。宋王让太史占卜，太史说："小鸟生出了大鸟，一定能称霸天下。"

宋康王大喜过望。于是出兵灭掉了滕国，进攻薛国，夺取了淮北的土地。从此，宋康王更加自信，便想尽快实现霸业，所以他用箭射天，又鞭打土地，还砍掉了土神、谷神的神位，把它们烧掉，国人因此非常恐慌。齐国听说这个消息后，立刻进攻宋国，百姓四处逃散，城也没有守住。宋康王逃到倪侯的住所，很快被齐国人抓住杀死了。宋康王看到吉兆却不做好事，吉祥反而成了祸害。

宋康王得"小而生巨，必霸天下"的吉兆，本是一桩好事；灭滕伐薛，使他坚定了扩张的决心。但好事没有一直延续下去，因为宋康王的一系列所作所为背离了民心，使得吉兆无法再显验，倒是"祸不远矣"，最终被齐打败，死于非命。明明是吉兆，却变成了凶灾。这一转换，不能怪占卜不灵，不能怪军民不忠，不能怪齐国不义，只能怪宋康王自己倒行逆施。

老子所说的事物朝着矛盾的对立面的转化，其法则是：内因是变化的根据，外因是变化的条件。傅说由贱变贵是如此，宋康王由吉变凶也是如此。

第五十九章　治人事天

原文

治人事[1]天，莫若啬[2]。夫唯啬，是以早服[3]；早服谓之重[4]积德；重积德，则无不克[5]；无不克则莫知其极[6]；莫知其极，可以有国；有国之母[7]，可以长久。是谓深根固柢（dǐ）[8]、长生久视[9]之道。

注释

①事：侍奉，奉行。

②啬：俭啬，吝惜；引申为积蓄。

③服；通“备”，准备。

④重：多，厚，不断。

⑤克：胜，胜任。

⑥极：最高点，边际，顶点，穷尽。

⑦母：根源，根本，宇宙的本体。

⑧柢：树根向下扎的根须。

⑨久视：长生不老。

译文

治理人民，事奉天道，没有比吝惜更好的办法。只有吝惜，因此能早早从事于道；早早从事于道就叫作增加积德；增加积德就能攻无不克；攻无不克就深不可测，没有人能知道它的终极；没有人能知道它的终极，就可以保有国家的根本；保有国家的根本，就可以长治久安。这也就是根深蒂固、长生不老之道。

老聃智慧

老子以哲学家的深邃眼光，来研究治理社会和侍奉自然的方法。他不去对某一具体的事件作分析，而是从宏观上把握“治人事天”的技巧。他抓住了这种技巧，就是积蓄力量。唯有积蓄了足够的力量，才能安邦定国，永远处于统治地位。

积累“德”的作用，可能短时期看不到，但它却能体现长远利益。其中最著名的例子，就是战国时期孟尝君的食客冯煖的“以钱市义”。

孟尝君是赫赫有名的战国“四大公子”之一，他非常富有，门下有许多食客。有一次，门下食客冯煖自告奋勇替孟尝君去其封邑薛地讨债。冯煖临行前，问孟尝君是否要顺便买点什么东西回来。孟尝君觉得好笑，自己家里应有尽有，什么也不缺，这个冯煖不是多此一举吗？于是便随口敷衍冯煖说：“你看我家里缺什么，就替我买什么吧！”冯媛欣然领命而去。到了薛地，冯煖召集应当还债的百姓，一一查对了他们所欠债务的凭证，然后假托孟尝君之命，将债款悉数赐给这些老百姓，并将一车借据当场焚毁。薛地百姓喜出望外，感恩戴德。

冯煖回去向孟尝君交差，孟尝君问他：“此去薛地，讨债是否顺利？”冯煖回答：“十分顺利，把债务都了结了。”孟尝君问：“那你要回来多少钱？”冯媛说：“我一个子儿也没有带回来，把钱都买了您家里所缺的东西了。”孟尝君好奇地问：“你究竟买了些什么呢，要花去这么多钱？”冯媛回答：“我看您家中珍宝堆积如山，门外肥马满厩，身边美女如云，真是要什么有什么，唯独缺少‘义’而已。您既然要我看您家里缺什么买什么，所以我就替您买了‘义’。”孟尝君不以为然地问：“什么是买‘义’？”冯煖就一五一十汇报了此去薛地讨债及烧毁借据的经过。孟尝君听后哭笑不得，又不便发作，只得讪讪地说了声：“你去休息吧。”

一年后，孟尝君失宠于齐王，被罢了官，遣返封邑薛地。当时的孟尝君心灰意懒，一路上打不起精神来。可让他没想到的是，在他的车马距薛地还有百里之遥时，老百姓就已经扶老携幼，争先恐后地在路上迎接他了。这时，孟尝君精神为之一振，心中燃起了重振雄风的希望。同时，他也理解了当初冯煖之所以要买“义”，就是为了替自己积“德”，使自己立于不败之地。面对眼前百姓热烈欢迎自己的场面，孟尝君感慨地对冯煖说：“先生替我买‘义’，为我积‘德’，其好处我今天见到了！”

冯煖的所谓“买义”，其实就是收买人心。其主观上是为孟尝君营造一个安全的据点，使他退可守，进可攻；但客观上确实是积了“德”，使穷困百姓免去了沉重的债务。买“义”就是积“德”，积“德”就能得到百姓的拥护，得到百姓的拥护就能立于不败之地。

冯煖买“义”是有政治眼光的。孟尝君当时对他擅自烧毁一车借据虽然不悦，但毕竟没有责怪他，说明孟尝君也是很有气度的。在孟尝君有权有势时，有个门客与他夫人私通，孟尝君不仅原谅了那个门客，还举荐并资助他去卫国担任要职。孟尝君没有埋没人才，这也是一种积“德”，所以也得到了回报。后来这个门客冒着生命危险，劝谏卫君不要攻打齐国，使齐国度过了一次危险。

积“德”不仅能提高自身的素养，而且还能避免潜在的危险。积

“德”应该是经常的行为，下意识的行为；不要矫揉造作，不要虚情假意。明代洪应明在《菜根谭》中说：“进德修行，要个木石的念头，若一有欣羡，便趋欲境；济世经邦，要段云水的意思，若一有贪着，便堕危机。”这番话，真是说到了点子上。

第六十章　治大国，若烹小鲜

原文

治大国，若烹[①]小鲜[②]。以道莅[③]天下，其鬼不神[④]；非[⑤]其鬼不神，其神不伤人；非其神不伤人，圣人亦不伤人。夫两不相伤，故德交归焉。

注释

①烹：煎、煮食物。

②小鲜：小鱼。

③莅：临；引申为统治。

④神：灵验，作用；作动词用。

⑤非："不唯"二字的合音；不仅，不但。

译文

治理大国就像煎小鱼。用"道"来统治天下，鬼就不灵验；不但鬼不灵验，神也不伤害人；不但神不伤害人，"圣人"也不伤害人。鬼神不伤害人，人便不反对鬼神；"圣人"不伤害人，人也不反对"圣人"——两者互不相伤，因此"德"就融合在一起了。

老聃智慧

老子看问题站得高，气魄大，将“治大国”比作“烹小鲜”，确实是前无古人，后无来者。他虽然也谈“神”说“鬼”，但绝不疑神疑鬼，因为他基本上是个无神论者。他用“道”来代替传统的形象化的鬼神，鬼神因此便没了权威，也就不可怕了。他强调，人们无须对鬼神怀有敬畏之心，但必须尊重“道”，效法“道”，这样才能治理好天下，以保国泰民安。

德国的神话学派研究家施瓦茨和曼哈特曾经提出关于“低级神话”的学说，希望研究者的注意力首先不要放在大的神话形式上，而要放在反映原始观念的处于萌芽状态的初级神话形式上。他们认为，迷信活动不是神话发展的结果，是神话的萌芽或胚胎，而魔鬼、精灵、妖怪等民间传说，才是神话的先声。鬼神本是人创造出来的，有什么可怕的呢?

老子笔下的鬼神，与自然界万物一样，既是神圣的，又是平凡的，只要人们用“道”来统治天下，鬼神也就会与人“井水不犯河水”。你不必崇拜它，也不必害怕它，或者可以干脆不理它、忘掉它。老子对于鬼神的观点，对后世的影响很深。

相传，清初名士王元章是个不信鬼神的人。他家住在寺庙附近，每逢家里没有了柴火，他就去庙里砍神像。他的一个邻居笃信鬼神，见他砍毁神像，心中很是不悦，王元章砍完之后他就会立即刻木补上。王元章见他补得勤快，砍得也就更迅速了。就这样，王元章砍，邻居补，砍砍补补，持续了好长一段时间。

奇怪的是，王元章砍去神像当柴烧，家里的人却平安无事；邻居虔诚雕刻神像，家里妻儿却经常生病。有一天，邻居请来巫师降神，从而问神：“王元章屡次砍毁神像，神不降祸于他；我补刻神像，神却不保佑我——这是什么原因呢？”神怒气冲冲地回答：“如果你不去补刻神像，他砍什么呢？”

这个故事的寓意很值得玩味。信神的人，神并不去保佑他；不信神的人，神亦不去降祸于他。砍毁神像的人，神对他无可奈何；添补神像的人，神对他横加训斥。这样看来，神似乎有点欺软怕硬。

各个国家、各个民族，都有自己创造的鬼神。由于文化背景不同，对鬼神的态度也不同。

在丰富绚丽的希腊神话中，作为古希腊精神象征的并不是威严的天帝宙斯，而是伟大的泰坦神普罗米修斯。他不愿看到人类被毁灭，冒着触怒宙斯的危险，盗火给人类，结果被宙斯锁在高加索山的峭岩上，长年累月忍受着一只老鹰的折磨。当朋友劝告普罗米修斯，要他服从上天的意志时，他却回答：自己得罪宙斯是因为盗火种给人类，这是对的，所以绝不会向宙斯屈服。普罗米修斯这种坚决的态度，正体现了古希腊人的精神面貌。

古埃及人对神有一种感恩的思想和感情，认为是神赐福于人类，所以乐于向神献祭。然而，古埃及人也清醒地看到，只有通过自己双手辛勤的劳动，才能得到神的恩赐。所以，他们理智地把神拉向人，而不是把自己交给神。古埃及人善于将虚幻的神物化和自然化，从而使之成为人们可以理解和驾驭的东西。

古印度人寻求神的和谐与人的和睦，这种传统一直延续到今天。维韦卡南达在美国芝加哥召开的“国际宗教大会”上的讲演就体现了这种精神：“哦，‘神圣的主宰’，印度教徒称之为梵天大神，琐罗亚斯德信徒呼之为马自达，佛教徒谓之佛陀，希伯来人名之耶和华，基督教徒叫之为上天之主。让这‘神圣主宰’赠与我们精神。……我坚信在不久的将来，我们将在所有宗教的旗帜上，读到如下誓言：互相帮助，决不互相抗争。和睦共处，决不毁谤他人。维护和谐与和平，不作无益之争。”这番话，正体现了印度民族对神的宽容与对人的期望。

犹太人认为，人类必须在上帝面前“自卑”。除此之外，任何一个人都用不着，而且不应当向任何一个人、任何一种物“自卑”。因为向他人、他物的“自卑”，就是“跪拜他神”。犹太人强调：人不怕下跪，就怕下跪在他人跟前；人不怕受神的约束，就怕有人可以不受神的约束；人不怕唯一的神，就怕假冒伪劣的“人”神！犹太民族的这种人与神的关系，是维系其人际关系及社会活动的准则。

钱钟书先生引用我国古代大量典籍，证明神的最初身份是鬼，鬼发迹了便为神，正如一些后来成为帝王者，最初为寇一样。如汉高祖刘邦、梁太祖朱温、后周太祖郭威、前蜀高祖王建、吴武肃王钱谬、明太祖朱元璋等人，皆是如此。

中国人喜欢造神，善于造神，神仙谱系可谓五花八门。有的人就爱用神来压人、吓人、制人，以达到自己不可告人的目的。至于鬼，那就名堂更多了。造鬼吓人，必定心怀鬼胎。

俗话说“装神弄鬼”，极为传神。“装神”和“弄鬼”，看起来是两码事，其本质是一样的——都是骗人的鬼把戏。

说到底，怎样看待鬼神并不重要，重要的是人要有自信，如老子所云，“治大国若烹小鲜”，将国家治理好，让人民过上安宁、富裕、幸福的生活。

第六十一章　大邦者，下流也

原文

大邦者，下流[①]也，天下之牝也。天下之交[②]也，牝恒以静胜牡。为其静也，故宜为下也。故大邦以下小邦，则取[③]小邦；小邦以下大邦，则取于大邦。故或下以取[④]，或下而取[⑤]。大邦不过欲兼畜[⑥]人，小邦不过欲入事人。夫两者各得所欲，则大者宜为下。

注释

①下流：指地位低下。

②交：强健有力。

③取：取得，获得。

④以取：取小国。

⑤而取：取于大国。

⑥畜：畜养，收抚；也作包容。

译文

大国就好比是江河的下游，又好比是天下的雌性。天下的雌雄交合，雌性总是以安静战胜雄性，因为雌性安静，所以应该处在下面。所以大国自居于小国之下，就能取得小国的拥护；小国能自居于大国之下，就能被大国所接纳。所以有的自居在下面而能取得拥护，有的自居在下面而能获得接纳。大国不过是想要多蓄养的人，小国不过是想要去事奉人。这样两者都能满足自己的要求，那么大国就更应该自居于下面。

老聃智慧

老子生活的春秋时代，列国兼并非常严重。大国以大欺小，强国以强凌弱，所以孔子一言以蔽之——“春秋无义战”。面对这种社会动荡不安、战争连续不断的局势，老子希望统治者能够理智些，无论是大国还是小国，大家都应该甘居柔弱的地位，这样才能彼此相安无事，从而使社会秩序稳定，人民安居乐业。

事实上，大国、强国往往喜欢用兵，兼并小国、弱国，是不肯居于下位的。而弱小之国为了生存，不得不采用谋略来应付大国的扩张政策，不然就会有灭顶之灾。

《战国策·东周》记载：

秦国有一次向东周提出要借路去攻打韩国。周君担心答应秦国这一要求，会同韩国关系恶化，但如果不答应，又担心会惹恼强大的秦国。正在周君左右为难之际，史厌给他出了个主意：“您可以派使臣去对韩国说：‘秦国敢穿越周境来进攻韩国，是因为相信我们。韩国如果割让给我们一块土地，同时又派遣重要的使臣到楚国去求援，秦国必定犹豫不决，不信任我们了，这样就不会再进攻韩国。’然后，您再派使臣去对秦国说：‘韩国一定要将土地送给我们，目的就是为了使秦国对我们产生怀疑，但我们又不敢不接受。’秦国没有理由要我们不接受土地。这样一来，我们既从韩国获得了土地，同时也可以继续与秦国保持友好的关系。”

东周在强国的夹缝中求生存，史厌的计策确为绝妙。

老子看问题比较深刻。他认为，天下列国构成一张网络，大国和小国都是这张网络中的一部分，局部的不协调，就会引起全局的连锁反应。一旦打起仗来，无论是大国还是小国、战胜国还是战败国，都会遭致不同程度的损失。要本国安宁，就必须天下太平；天下太平了，本国也就能得到安宁。从这个根本利益出发，大国和小国都要为和平作出努力，才能保持天下太平。

国家之间的关系是如此，人际关系也是如此。如果一方恃强凌弱，双方的关系就会恶化。如果一方处处想占便宜，双方的关系就不会长久。如果人人都不肯吃亏，不肯为他人作点牺牲，对每个人都是不利的。

清代学者唐甄在所著《潜书·良功》中，以一件真实的事情为例说明了上述问题：

其妻小时候，和姐姐同床而睡。姐姐要她驱赶帐子中的蚊子，她很不耐烦。钻进蚊帐内，只把自己枕边的蚊子赶走，就塞好蚊帐睡了。保姆觉得好笑，问她为什么这样做，她回答："我为什么要给别人赶蚊子？只要将自己头边的蚊子赶走就行了。"

这个小女孩自私得可笑，不知道蚊子是会飞的，不把蚊子"赶尽杀绝"谁也睡不安稳。不想为别人花费力气，也就白费了为自己所花的力气。社会其实就是一个大蚊帐，大家生活在其中，如果人人都吝啬自己的力气，不肯为他人"赶蚊子"，那么自己也将永远处于"蚊子"的骚扰之中，不得安宁。

有时候，动物也许比人"聪明"，懂得有取有予、各得其所的"共生"关系。

《吕氏春秋·不广》记载：

北方有兽名曰蹷，鼠前而兔后，趋则跲，走则颠，常为蛩蛩、距虚取甘草以与之。蹷有患害也，蛩蛩、距虚必负而走。此以其所能托其所不能。

蹷实在可以说是一种“智慧型”的动物了。它很清楚自己的弱点：走快了就会绊倒，跑起来容易跌跤。怎样来弥补这一生理上的缺陷呢？它找到蛩蛩和距虚这两种行动神速的动物，不是拜它们为师学跑，而是与它们交朋友，搞好关系，经常“取甘草”供它们食用。蹷正是因为平时肯吃亏，所以当它遇到危险时，蛩蛩和距虚才会主动驮着它逃跑。

从这一点上，我们应该得到一点启示：用自己擅长的能力，为他人、为社会做一点好事，在自己需要帮助时，必定会得到回报。

第六十二章　道者万物之奥

原文

道者万物之奥①，善人之宝②，不善人之所保③。美言④可以市⑤，尊行⑥可以加人⑦。人之不善，何弃之有？故立天子⑧，置三公⑨，虽有拱璧⑩以先驷马⑪，不如坐进⑫此道。古之所以贵此道者何？不曰：以求得，有罪以免邪？故为天下贵。

注释

①奥：奥妙所在；主也。

②宝：宝贝、法宝。

③保：保持。

④美言：美丽的言词。

⑤市：甫卖，换取。

⑥尊行：高尚的行为。

⑦加人：超越众人，出人头地。

⑧天子：古代统治天下的帝王。

⑨三公：古代太师、太傅、太保三个要职的总称。

⑩拱璧：一种中间有圆孔的玉器。

⑪驷马：用四匹马拉的车子。

⑫进：古代地位低的人送东西给地位高的人。

译文

“道”是万物的奥妙所在，是善人的宝贝，也是不善人的护身符。美丽的言词可以换取别人的信任，高尚的行为可以出人头地。人有不好的行为，可以用“道”来感化他，怎么能将他抛弃呢？所以天子登基、三卿就职时，虽然有拱璧在先、驷马在后的仪式，但不如安然把“道”献上去。古时候为什么这样尊崇“道”呢？难道不是由于它有求必应、有罪可免吗？因此“道”为天下人所尊崇。

老聃智慧

老子是朴实的、诚挚的。他不喜欢繁琐的礼节、浮华的仪式，而主张实实在在地按“道”行事。他知道，在很大程度上，礼节是虚伪的，仪式是空洞的，并不能解决实际问题。唯有“道”是永恒的、真实的，可以指导人们的言行，解决生活中遇到的各种难题。

世俗社会，繁文缛节很多，人们追求形式，但却忽略了“道”的实质——亦即事物的本源。比如佛门弟子，有三阪五戒的约束，有念经拜佛的功课，然而真正能修成正果的毕竟不多。这是因为，穿上袈装，并不等于领悟了佛法要义。

曹洞宗有位得道高僧，法号松云。他的父亲在他出生不久就去世了，从此他便与母亲相依为命，形影不离。后来，他出家为僧，母亲也跟着他去了。松云甚至到禅堂打坐，也带着母亲一起去。这样当然很不方便，他每次参访禅院时，无法与其他和尚同住。所以，他每云游一个寺院，就在寺院附近搭建一个简陋的小屋，既方便与寺中和尚交流学佛心得，也方便照顾母亲的生活起居。有空的时候，他还常为人抄写佛经，以此来解决经济来源问题。

松云时常为母亲改善伙食，买些鱼虾供她食用。有人因此而耻笑他："和尚怎么也可以沾染荤腥呢？"但松云并不介意。母亲见他被人讥笑，心里很难受，便对松云说："你不要为了我破戒，我决心出家为尼，皈依佛门，只吃素食了。"母亲做了尼姑，还是和他一起学佛。

松云喜欢音乐，精于弹奏竖琴，母亲与他有同样的爱好。母子俩常在明月当空之夜，一起演奏竖琴。一个晚上，有位年轻的姑娘从他们的住处经过，听到了美妙的乐声，深为感动，便邀请松云第二天晚上到她那里去演奏。松云如约而去，认真地作了表演。几天之后，松云在街上又遇见了那位姑娘，便为那晚她的盛情款待表示谢意。人们因此又取笑他，因为他去演奏竖琴的那个地方，是一个妓女的住处。松云对此依然毫不介意。

松云禅师不受形式的束缚，既能学佛精进，又承担了赡养母亲的责任。他可以为母亲买鱼买虾而不妨碍自己持守五戒，他可以出入妓女住处演奏而不妨碍自己洁身自好，他可以任人讽刺取笑而不妨碍自己学佛坐禅。正是因为他跳出了世俗观念的樊笼，才显得悠闲自在、轻松自如，最终成为了一位得道高僧。

佛门中有许多戒律，社会上有许多规矩，这些戒律和规矩可以成为束缚人手脚的枷锁，也可以成为激励人奋进的动力，关键在于人们怎样看待和遵循。也许，没有文化的人，不知引经据典，少了些束缚，也少了些借鉴。饱读诗书的人，喜欢寻章摘句，多了些智慧，也多了些糊涂。书中自然告诉了我们许多道理，但怎样去运用、怎样去实践呢？千万不可生搬硬套，而应该结合当时当地的实际去做。

我们需要书本知识的指点，但不能拘泥于书本知识；我们需要规矩条例的约束，但不能拘泥于规矩条例。形式不能不要，但不能为了服从形式而丢弃内涵。

第六十三章　为无为

原文

为无为，事无事，味[①]无味。大小多少，抱怨[②]以德[③]。图[④]难于其易，为大于其细。天下难事，必作[⑤]于易；天下大事，必作于细。是以圣人终不为大，故能成其大。夫轻诺[⑥]必寡信，多易必多难。是以圣人犹难之，故终无难矣。

注释

①味：品味，品尝。

②怨：怨限。

③德：恩德。

④图：考虑，解决。

⑤作：开始，做起。

⑥诺：应允，许诺。

译文

从事无为之为，奉行无事之事，品味无味之味。把小看作大，把少看作多，以恩德来报答仇怨。处理难事要从容易的事做起；做大事要从小事做起。天下的难事，都起于易事；天下的大事，都起于小事。

所以圣人始终不自以为大，却因此能成就他的大。轻易许诺，一定会缺少诚信；把事情看得太容易，一定会遭受更多的困难。所以圣人尚且把事情看得很难，这样最终也就没有什么困难了。

老聃智慧

老子的话，时时闪烁着智慧的火花。他以朴素辩证法思想论述的许多观点，尤为可贵。比如，他指出了困难与容易、大事与小事的辩证关系，认为克服困难要找出容易的地方入手，干一番大事先要从小事做起。这种指导思想运用于军事中，就是在告诫人们，在战争中要时刻谨慎小心，不可轻敌，应当重视困难，找出敌人的薄弱环节加以击破，这样才能克敌制胜，无坚不摧。

然而老子有关“天下大事，必作于细”的告诫，却很容易被人疏忽。有些人不屑于做小事，总想干轰轰烈烈的大事。但当他们干不成大事时，便会心灰意懒，什么事都不想干了。其实，小事是大事的基础，包括行善积德、改正错误等，也应该先从细小处着手。

从前有一个国王，黩武扩张，征服了许多国家，杀了不少人。后来他逐渐醒悟，知道自己罪孽深重，开始忏悔、改过，关心臣民，连对侍卫都和颜悦色。有一天，他微服私访，看到一个老人在沿街乞讨，便同情地上前询问情况，了解到这位老人孤苦伶仃，无依无靠，也了解到国内像这样的孤老到处都有，因为他们的儿子，都在前些年的战争中阵亡了。

国王回宫后，马上发出一道命令，从国库中拨出一批银两，在各地建立敬老院，专门供养孤老。这一决定在满朝文武中引起了强烈的反响，群臣议论纷纷，弄不明白国王为什么要这样做。国王便向大臣们解释道：“过去我只知扩张领土，连年用兵打仗，不知死了多少战士。现在这些牺牲者的父母成了沿街乞讨的孤老，这不是我造下的罪孽吗？”有个大臣便说：“大王过去东征西讨，死了多少无辜的人！现在虽然开始做善事，为民积德，但建立敬老院等这些小事，怎么能弥补您过去那么深重的罪孽呢？”

国王明白，大臣们一方面对自己从前的所作所为还耿耿于怀，另一方面对自己现在的一言一行还难以理解。于是，他想了一个启发大家的办法，他对大臣们说道：“你们替我架一口大锅，里面盛满水，点火烧上七天七夜，不得让火熄灭。”手下人按国王的命令去做了。到了第七天，国王将大臣们召集到沸水翻腾的大锅旁，随手将一枚戒指扔进了锅中，然后说：“诸位爱卿，谁能从热锅中将这枚戒指取出来？”大臣们面面相觑，跪伏于地，谁也不敢吭声。国王显出不悦之色，连声催问：“谁能从沸水中取出戒指？”有个胆子较大的大臣诚惶诚恐地说：“仁慈的大王呵！您就是把所有的罪都加在我头上，让我马上去死，我也无法从沸腾的热锅中取出戒指来。”国王的脸色缓和了些，问道：“那么，你是否有什么妙计，可以从热锅中取出戒指？”这个大臣想了想回答：“有个不成办法的办法，那就是熄掉锅子下面的火，往锅中加冷水，这样就会轻而易举地从这口锅中取出戒指。”国王听了大笑，因势利导地说道：“诸位爱卿，你们的话都很有道理。过去我凶恶暴虐，就如同这口烧着沸水的热锅，现在我修善积德，就好比熄掉锅子下面的火、往锅中加冷水一样。‘熄火’和‘加冷水’，看上去都是微不足道的小事，但却能逐渐使热锅的温度降下来。敬重老人、关心穷人，看上去都是可做可不做的小事，年长日久，却能够使自己的本性越来越善良，从而使自己从根本上解脱罪孽。”大臣们听了国王这番话，才恍然大悟，认识了什么事都得从小事做起的道理，包括悔过、赎罪也不例外。

仔细回味一下上述故事，相信大家就会品味出老子所云“天下大事，必作于细”是极有哲理的。行为处世，不要总想着一下子就讨得千万人的欢心，应该先从处理好周围人的关系做起；不要一下子就想做千百桩好事，应该先从不做一桩坏事开始。

第六十四章　其安易持

原文

其安[①]易持[②]，其未兆[③]易谋，其脆易泮[④]，其微易散。为之于未有，治之于未乱。合抱[⑤]之木，生于毫末[⑥]；九成之台[⑦]，起于累土[⑧]；千里之行，始于足下。为者败之，执者失之，是以圣人无为故无败，无执故无失。民之从事，常于几[⑨]成而败之。慎终如始，则无败事。是以圣人欲不欲，不贵难得之货[⑩]；学不学，复[⑪]众人之所过，以辅[⑫]万物之自然而不敢为。

注释

①安：安稳，安定。

②持：支持，维持。

③兆；事物发生前的征候，端倪，迹象。

④泮：分离，分解。

⑤合抱；两臂围拢。

⑥毫末：细小的幼芽。

⑦台：古代可供人们游玩、眺望的建筑物。

⑧累土；一筐土。

⑨几：接近，差不多。

⑩难得之货：指珍珠宝贝等珍贵的东西。

⑪复：还原，挽回。

⑫辅；辅佐，辅助。

译文

事物在安定的时候易于维持，在没有迹象的时候易于图谋，在脆弱的时候易于分解，在微小的时候易于分散。防止事故要在没有发生的时候，治理动乱要在没有开始的时候。高大的树木，由细小的幼芽长成；九层的高台，由一筐筐泥土垒起；遥远的旅程，由脚下第一步走起。想有作为就有失败的可能，拿着东西就有失掉的危险。因为“圣人”无为而治，所以不会失败；不拿东西，所以不会失去。人们做事，经常功败垂成。在快要完成事情时要像开始时一样谨慎，那么就不会失败。因此，“圣人”把没有欲望作为欲望，不稀罕难得的东西；把没有学问作为学问，挽回众人在修“道”上的过错。以自然规律辅助万物的运行，不敢有一点勉强。

老聃智慧

老子看问题，总是用哲学家的头脑去思考。他一再叙述事物会向对立面转化，但这种转化，必须经过一个量变的积累过程，量变引起质变，是一种飞跃；人对“道”的认识，也会有一种飞跃。而达到这种飞跃的途径，老子认为是“学不学，复众人之所过”。“复”者，返也，挽回也。挽回众人在修“道”上的过错，这不是一大飞跃吗？而能达到这一飞跃的就是“圣人”，因为“圣人”“以辅万物之自然，而不敢为”。“圣人”效法“道”，按照“无为”的原则辅助万物自然运行，决不敢违背自然规律。老子所推崇的这种“圣人”，能够尊重客观自然法则，具有唯物主义精神，所以能立于不败之地。

《道德经》颂扬“圣人”，分析了“圣人”处理问题的方法、解决矛盾的诀窍，旗帜鲜明地亮出了“学不学，复众人之所过”的观点。这话有点难以理解，但仔细捉摸，就会体会出其中深意。举个例子：

以擅长考据闻名的清代乾嘉学派中，有个得力干将，他就是曾做过湖广、云贵总督的大学士阮元。他在封疆大吏的高位上，网罗了大批学者，刻印了《十三经注疏》《皇清经解》等鸿篇巨制。他在处理公务之余，主要精力都用于做学问，从经籍训诂，发展到求证古代金石，并对天文、历算、地理都进行了系统的研究。特别是对古文字学的探索，阮元可谓独树一帜。他编纂的《积古斋钟鼎彝器款识》一书，著录有商器 173 件、周器 273 件、秦器 5 件、汉晋器 99 件，除摹录其文字外，并附有详细的考释，搞金石学的人，几乎都必备此书。

然后就是这样一位学识渊博的金石学家，竟然也会上当。

在阮元当浙江巡抚时，门下有个弟子，家境贫寒，不过生性幽默。有一次这个门生上京城参加会试，因为盘缠较少，路上只能住小店，吃干粮咸菜。途经通州时，他在一家小客栈住下后，便去买烧饼充饥。吃着吃着，突然发现一只烧饼十分奇特，背面斑斑驳驳，好像古文字一般。他便用纸将烧饼的背面拓下来，看上去如同钟鼎铭文。这位门生想与老师开个玩笑，就把烧饼拓片冒充“铭文”寄给阮元，还附上一封信：“学生在通州古董店中见到一只古鼎，遗憾的是钱不够，无法购买。学生也不清楚这是哪朝哪代的遗物，特将铭文拓出，寄请师长与各位专家共同考订，以证其真伪。”阮元收到这封信及其“铭文”，十分重视，马上召集严小雅、张叔未等学者一起商量。这个“铭文”似曾相识，又很陌生，一时难以定夺。他们各抒己见，展开了热烈的讨论。有的说是殷商的鼎器，有的说是周秦的铭文，最后还是由阮元总结，认为这是《宣和图谱》中著录过的某个鼎，颇有来历。他在门生拓来的“铭文”后面写了跋文，肯定它不是赝物。阮元在跋文中一一指出哪些字和《宣和图谱》相合，哪些字因为年久“铭文”剥蚀，哪些字因为拓工不精而漫漶。这个门生收到这张经过考据专家精心考证并加了跋文的“铭文”后，不禁哈哈大笑，想不到作为当时第一流的考据家的老师，竟会闹出“考证”大饼为鼎器的笑话。

如果阮元不是考据专家，没有金石学方面的学问，他就不会上当，不会将烧饼的斑纹“考证”为鼎器。面对这张拓片，换个目不识丁的人，或者没有任何古文字和金石学知识，绝不会进入考据的误区，正如老子所云，“学不学，复众人之所过。”

第六十五章　古之为道者

原文

古之为道者，非以明民[①]，将以愚之[②]。民之难治，以其智多[③]。故以智治国，国之贼[④]；不以智治国，国之福。知此两者亦稽式[⑤]。常知稽式，是谓玄德[⑥]。玄德深矣远矣，与物反矣，然后乃至大顺[⑦]。

注释

①明民：使百姓聪明。

②愚之：使百姓淳朴。

③智多：多智巧诈。

④贼：败坏者，这里指祸患。

⑤稽式；法则，法式，准则。紅樓夢

⑥玄德：玄妙的德行。

⑦大顺：顺乎自然，即归于“道”。

译文

古时候修道的人，不是要使人民聪明，而是要使人民愚笨。人民难以治理，是因为他们智慧太多。因此，以智慧治理国家，是国家的祸患；不用智慧治理国家，是国家的福泽。懂得这两者之间的道理，也是一个准则。经常记住这个准则，这叫作“玄德”。“玄德”是多么深奥、辽远啊！和万物一起返回于自然啊！然后就完全顺乎于“道’了。

老聃智慧

老子看问题的视角，往往与众不同。人们通常认为聪明比愚昧好，但他却说，愚昧比聪明好。这是什么道理呢？老子的观点是：聪明的人，见多识广，难免巧诈，其纯朴的本性会因此逐渐消失；愚昧的人，没有知识，安份守己，其真诚的天性能够顺从于自然。一个国家，巧诈狡猾的人多了，就难以治理；安份守己的人多了，就易于治理。

阅读《道德经》这一章关于“智慧”的论述，很容易让人们联想到《圣经》中关于的伊甸园的记载。

伊甸园中有两棵特殊的树，一棵是人吃了它的果子就能永生的生命树，另一棵是人吃了它的果子就能分别善恶的智慧树。上帝将亚当安置在伊甸园中作看守，并对他说：“园中各种树上的果子，你可以随意采来吃，只是那棵可以分辨善恶的树上的果子，你不可吃，因为你吃了后必死无疑！”

按照《圣经》的说法，亚当是上帝造就的，上帝见他一人独居太寂寞，就乘他熟睡之际，取下他的一根肋骨，造了一个名叫夏娃的女人，让他俩配为夫妻。当时他们由于无知无欲，所以虽然赤身露体，也并不觉得羞耻。唆使他们偷尝禁果的，是狡猾的蛇。

《圣经》中记载：

一天，一条狡猾的蛇问夏娃：“上帝真的不许你们吃园子中央那棵树上的果子吗？”夏娃回答：“是啊，园子里所有树上的果子都可以吃，只有一棵树除外。上帝说过，我们不能吃园子中央那棵树上的果子，甚至不许摸它，不然，我们就会死。”蛇狡诈地笑了笑，低声说：“你们不一定死！"夏娃听信了蛇的话。她走到那棵树下，见果子已经熟透，十分诱人，便摘下一个吃了，觉得香甜可口，就又摘了一个给亚当吃。他们吃下果子以后，马上感到自己赤身露体、一丝不挂是多么羞耻。一切都变了。

过去，在美丽舒适的伊甸园里，他们最幸福的时刻就是在园中漫步，同上帝交谈，而现在，他们感到羞愧和恐惧，躲避着上帝。上帝呼唤他们："亚当！夏娃！你们在哪儿？"亚当应声答道："我在这里。因为我赤身露体，不敢见您，就藏了起来。"上帝问："你们是不是吃了智慧树上的果子？"亚当回答："是夏娃给我吃的。"上帝生气地对夏娃说："你知道自己闯了多大的祸吗？！"夏娃答道："是那条蛇骗了我！"

上帝震怒之下，对蛇、女人和男人施了诅咒：蛇必须终生用肚子行走，女人必须经历怀胎生养的苦楚，男人必须艰辛耕种，汗流满面才能糊口。

后来，上帝怕人再吃生命树上的果子，从而得以永生，就把亚当和夏娃赶出了伊甸园，并派天使手执发出火焰的宝剑把守在那里，不准他们重返伊甸园。

亚当和夏娃偷尝禁果，成为人类罪孽的根源，世代相传，全人类在上帝面前都成了罪人——这就是基督教所说的"原罪"。

人类有了智慧为什么会触怒上帝？因为那样的话，人类就有了自律自产的能力，上帝就无法再操纵人类了。同样的道理，世间的统治者也不希望人民充满智慧，因为充满智慧的人民就会不服摆布。你剥削他们，他们就会算帐；你压迫他们，他们就会反抗。所以老子要说"非以明民，将以愚之"。愚昧的百姓肯定容易统治，但这样一来，国家就不会发达，社会就不会前进了。

第六十六章　江海所以能为百谷王者

原文

江海所以能为百谷[①]王[②]者，以其善[③]下之，故能为百谷王。是以欲上民[④]，必以言下之；欲先民[⑤]，必以身后之。是以圣人处上而民不重[⑥]，处前而民不害[⑦]。天下乐推[⑧]而不厌[⑨]。以其不争，故天下莫能与之争。

注释

①谷：山谷、溪涧，河流。

②王：归往，汇集。

③善：善于，能够。

④上民：处于百姓之上，统治人民。

⑤先民：处于百姓之前，领导人民。

⑥重：沉重，负累，压迫。

⑦害：受害，危害，妨碍。

⑧推：推荐，拥戴。

⑨厌：厌恶，反对。

译文

江海能使百川汇集其中的原因，是由于它善于位居下游，所以便成了百川归往之处。因此，“圣人”要想统治百姓，必须用谦卑的语言对待百姓；要想引导百姓，必须把自身放在百姓的后头。所以在统治百姓的时候，才会使百姓不会感到沉重；在引导百姓的时候，才会使百姓不会感到危害。这样，天下的人都乐意推举他，而不讨厌他。由于他不跟人相争，所以天下人都无法跟他相争。

老聃智慧

老子是古代的大圣人，胸襟宽阔，思路敏捷。他理解自然界的运动规律，体察人们的心理变化，并用精炼的语言来阐述自己处世为人的哲学。

老子的话是极富哲理的。“水往低处流”是人所皆知的常识，江海在低洼处，所以能汇集百川。人如果也像江海那样甘居于下，在人际关系上就会处于主导地位。然而，人却往往自高自大、自以为是，喜欢抬高自己，贬低别人，所以难免与别人发生矛盾。大多数人不愿居于下位，是因为没有江海那样博大的胸怀。而现实又往往事与愿违，大多数不愿甘居下位的人，却都无法摆脱永远居于人下的事实。

老子说：“以其不争，故天下莫能与之争”，看你怎样去理解。不该争的，不要去争；不必争的，不用去争；无法争的，何苦去争；无人争的，何必去争？应该争的，一定要争；必须争的，必定要争。人不要争名，但要争气；人不要争利，但要争义。

人生应该有追求，这就是争取。运动员梦想拿金牌，战士梦想当将军，都需要竞争，需要努力，需要奋斗，需要拼搏。

老子强调“不争”，既是一种谦虚，更是一种策略。唯有不争，人家才会没有与你争的借口。我们中国的外交政策，有一条是永远不称霸。我们不能做出头鸟，我们要将自己有限的国力，用于和平建设。我们自己不称霸，但也反对霸权主义，所以“不争”不是无原则的。

第六十七章　天下皆谓我大

原文

天下皆谓我大，大而不肖①。夫唯不肖。故能大。若肖，久矣其细也夫。我恒有三宝，持而宝之：一曰慈，二曰俭，三曰不敢为天下先。夫慈②故能勇，俭③故能广④不敢为天下先，故能为成器⑤长。今舍其慈且勇，舍其俭且广，舍其后且先，则死矣。夫慈，以战则胜，以守则固。天⑥将建之，如以慈垣之。

注释

①肖：像，相似；人不贤，道不美。

②慈：柔慈。

③俭：俭朴。

④广：宽广，宽裕。

⑤器：万物；在这里比喻人。

⑥天：上天，天道。

译文

天下人都说我大，大而不像个样子。正是因为不像个样子，所以才能大。如果像个样子，那早就小了。我有三个法宝，并永远珍视它们：第一叫作柔慈，第二叫作俭朴，第三叫作不敢走在天下事物之前。因为柔慈，所以能让将士勇敢；因为俭朴，所以能使财政宽裕；因为不敢走在天下事物之前，所以能做天下事物的领袖。现在舍弃柔慈，但要将士勇敢；舍弃俭朴，但要财政宽裕；舍弃谦让，但要成为领袖——这就必然会覆灭！柔慈这一法宝，将它运用于攻战必定能取胜，运用于防守必定能坚固，上天要成就谁，便用柔慈来保护谁。

老聃智慧

老子既有哲学家深邃的目光，又有政治家博大的胸怀。他把居于柔慈的地位、爱惜将士及在一定情况下作必要的让步，作为用兵打仗的原则之一。他又把节约开支、生活俭朴和控制消费，作为财政管理的原则之一。实行前一个原则，可以攻则必胜，守则必固；实行后一个原则，不会捉襟见肘，入不敷出。

老子将俭朴作为“三宝”之一，自有他的道理。崇尚俭朴，必定要反对奢侈。因为奢侈不仅会耗尽国家的财力，也是国家亡乱的征兆。过奢侈的生活，必定要有奢侈品。大量生产奢侈品，既费时，又费工，还会使大批农业劳动力流失；大量销售奢侈品，刺激了人们的消费欲望，还会逐渐形成崇尚奢靡的不良社会风气。老子提倡俭朴，在一定程度上批评并抑制了奢靡之风，对当时物质财富很不丰富的社会来说，无疑是有利的。

老子把俭朴作为一个“法宝”，不仅仅因为这一“法宝”能够抑制侈靡之风，更重要的是，它还关系到事业成败及修身养性的问题。中国历来有“成由勤俭败由奢”的观念，勤俭往往促使成功，奢侈常常导致失败。勤俭又是一种美德，有助于人净化德操，使人清正、廉洁、寡欲。所以宋代史学家司马光在《传家集》中，引用张文节的话说：“顾人之常情，由俭入奢易，由奢入俭难。吾今日之俸岂能常有、身岂能常存？一旦异于今日，家人习奢已久，不能顿俭，必致失所。岂若吾居位、去位、身存、身亡常如一日乎？”这番话，正是提醒人们要时时注意节俭，以免有朝一日陷于“不能顿俭，心致失所”的尴尬境地。

老子将节俭作为财政管理的一个原则，这是正确的；但如果仅仅节约开支，而不注重发展生产、广开财路，那节用也只能是无源之水、无本之木。光知节用而不知生财，难免财源枯竭、坐吃山空；只知生财而不知节用，必然财富流失、入不敷出。所以说，生财和节用，两者缺一不可。儒家典籍《大学》中，对生财和节用作了极为精辟的论述：“生财有大道，生之者众，食之者寡，为之者疾，用之者舒，则财恒足矣。”这就是说，生财要又多又快，食用要又少又慢，才能积累起财富，使国库得以充盈。

以农为本的思想，在我国有着几千年的传统。西周末年，卿士虢文公批评周宣王废藉礼，指出“民之大事在农”，他认为，在春耕时节，“王事唯农是务”，即应该将农业生产放在一切事情的首位。战国初年，李悝在魏国变法，推行的一系列政策中，“重农”是一个重要的步署。他强调“农伤则国贫”，并采取了一些有效措施，以保证重农政策的实施。此后，商鞅、管仲等政治家，都有关于以农为本的论述和实践。

老子说的“三宝”，至今仍有现实意义。无论是柔慈，还是俭朴，现在都没有过时，都有继续遵循的必要。

第六十八章　善为士者不武

原文

善为士[①]者不武[②]，善战者不怒[③]，善胜敌者弗与[④]，善用人者为之下[⑤]。是谓不争之德，是谓用人，是谓配天[⑥]，古之极[⑦]也。

注释

①士：将帅，统帅。

②武：动武；勇气。

③怒：愤怒，被激怒。

④与：对斗，相拼；敌对。

⑤为之下：居人之下。

⑥配天：符合天道。

⑦极：极致的境界。

译文

善于当统帅的人，不轻易动武；善于打仗的人，不会被敌人所激怒；善于战胜敌人的人，不会与敌人拼个你死我活；善于用人的人，心甘情愿居人之下——这叫作不硬与人相争的“德”，叫作善于利用人，叫作符合天道。这是古时极致的境界。

老聃智慧

老子以军事家和哲学家的双重智慧，为带兵的统帅谋划了高深的策略。这些策略，既能调动军队的士气，又有克敌制胜的充分把握。而真正能够将这些策略运用自如的人是不多的，所以世上难以找到常胜将军。

带兵的统帅，面对瞬息万变的军情，会作出各种相应的灵活对策，尽可能地抓住战机，把握主动权，不到万不得已的时候，不会与敌人拼耗实力。《魏书·侯渊传》中，载有一个典型的战例：

北魏大都督侯渊，率领七百骑兵，奔袭拥兵数万的葛荣部将韩楼。侯渊孤军深入敌方腹地，挟一股锐气，在距韩楼大本营一百多里地之处，将韩楼的一支五千余人的部队一举击溃，还抓了许多俘虏。侯渊没有将俘虏全部带回自己的大营，而是将他们放了，还把缴获的马匹、口粮都发还给他们。侯渊的部将都劝他不要放虎归山，以免增加敌人的实力。侯渊向身边的将士们解释道："我们带领的这只军队仅有700骑兵，兵力十分单薄，如果跟敌人硬碰硬，敌众我寡，无论如何都不是敌人的对手。因此不能和对方拼实力、拼消耗。我将俘虏放归，用的是离间计，使韩楼对他们疑心，举棋不定，这样我军便能趁机攻克敌城。"将士们听了这番话，恍然大悟。

等到那批释放的俘虏快回到韩楼占领的蓟城的时候，侯渊便率领骑兵连夜跟进，在拂晓前去攻城。韩楼在接纳这些被俘过的部下时本来就心存疑惑，而当侯渊紧接着来攻城时，便更加确信这些被放回来的士兵是给侯渊当内应的。他由疑而惧，由惧而逃。最后，弃城而去没多远，就被侯渊的骑兵部队追上去活捉了。

侯渊以七百骑对阵数万兵马，如果打硬仗、拼实力，那根本不是韩楼的对手。所以，他充分发挥自己骑兵部队的优势，攻击敌人的弱处。更重要的是，他利用放归俘虏的机会，设计离间敌人，出其不意发动进攻，处处掌握战场上的主动权，从而一举而获全胜。

老子还强调，明智的统帅，善于“用人之力”，即能够发挥人的各种才能，用于克敌制胜。《淮南子·道应训》中，载有这样一个例子：

楚将子发平时招揽了许多有一技之长的人，甚至将一位“神偷”也待为上宾。有一次，齐国进攻楚国，子发受命领兵迎敌。由于双方力量悬殊，楚军三战三负，节节败退。这时，子发突然想到了那位“神偷”，决定让他出马。当天晚上，“神偷”潜入齐军营帐，把齐军主帅的睡帐偷了回来。子发十分满意，派使者将睡帐送还给齐军主帅，并对他说：“我们出去打柴的士兵捡到这个睡帐，据说是将军您的用品，所以专程来归还。”第二天晚上，“神偷”又潜入齐军营帐，把齐军主帅的枕头偷了回来。子发又派使者将枕头送还给齐军主帅。第三天晚上，“神偷”再次潜入齐军营帐，把齐军主帅头上的发簪子偷了回来。子发当即重赏“神偷”，又派使者将发簪子送还给齐军主帅。齐军上下都传遍了主帅物品被三次偷去的消息，军心因此动摇。主帅与幕僚们商量道：“如果今天我们再不撤兵，恐怕楚军主帅子发就要派人来取我的人头了。”于是，齐军不战而退了。

老子不主张硬拼，而强调智胜，这样既不伤自己的元气，又有获胜的较大把握。上述两个战例中的统帅侯渊和子发，堪称智胜的典范。

第六十九章　吾不敢为主而为客

原文

用兵有言："吾不敢为主[①]而为客[②]，不敢进寸而退尺。"是谓行[③]无行，攘[④]无臂，执[⑤]无兵[⑥]，乃无敌矣。祸莫大于轻敌，轻敌几[⑦]丧[⑧]吾宝。故抗兵相若，则哀[⑨]者胜矣。

注释

①主：指战争中主动进攻。

②客：指战争中被动防守。

③行：行列，行军；道路。

④攘：举起，伸出；也指战士的束装。

⑤执：握紧，拿着。

⑥兵：兵器，武器。

⑦几：接近。

⑧丧：失去，丧失。

⑨哀：悲哀，悲愤，哀矜。

译文

用兵者有这样的说法：我不敢鲁莽地采取攻势，而宁可节制地采取守势；不敢贸然地前进一寸，而宁可谨慎地后退一尺。这叫作行军要像没有行军，伸出手臂要像没有伸出手臂，攻击敌人要像没有攻击敌人，拿着武器要像没有拿着武器。灾祸没有比轻敌更大的了，轻敌就会使我丧失一切。所以在两军对阵实力不相上下时，哀矜的一方必定会赢得胜利。

老聃智慧

老子是朴实的、高尚的，但他并不傻。在军事思想上，他认为不能对敌人太仁慈，所以便有了“行无行”“攘无臂”“扔无敌”“执无兵”等一系列论述。这些论述突出的是一个观点——“兵不厌诈”。

“兵不厌诈”是兵家惯用的手法，如《三国演义》中所述黄盖苦肉计、庞统连环计、诸葛亮空城计等，其实都是一种诈术，为的是迷惑敌人，以达到自己的目的。

“兵不厌诈”，通常都是行军隐秘，出奇制胜。但也有虚张声势，故意吓人的。如《后汉书·臧宫传》记载：

东汉初年，刘秀登基不久，公孙述尚有实力抗衡。有一次，刘秀部将岑彭与公孙述手下的田戎、任满在荆州对峙，战事对于汉军极为不利。当地土著越人企图趁机叛乱，因为兵力单薄，驻扎于此的汉将臧宫无法以武力控制局势。正巧当时辖境内各县正在运送粮食，有几百辆大车前来。臧宫灵机一动，连夜派人将城门门槛锯断，让大车进进出出闹腾了一整夜。“吱吱嘎嘎”的车轮声震天动地，传得很远。越人头领听说车声响了整整一夜，连城门门槛都磨断了，以为是汉军大批援兵已经赶到，连忙牵牛抬酒前来犒劳，不敢再动叛乱的念头。

紧接着，臧宫列兵排阵，磨刀擦枪，军威整肃，声势浩大，让越人头领看得目瞪口呆，直冒冷汗。然后，臧宫又命人杀牛斟酒，设宴殷勤款待越人头领及其随从，还送给他们许多礼物，加以招抚。从此起，越人便一心归汉，平安无事了。

臧宫玩的也是“兵不厌诈”的招数。越人因为汉军兵力不足而起反叛之心，臧宫便利用过境车辆来虚张声势，让越人误以为汉军援兵大至。当越人来犒劳时，又故意抖擞军威以震慑其心，然后设宴款待以安抚其心。恩威并用，使越人又敬又畏，服服贴贴。

臧宫以假造的威势开场，以真诚的恩惠落幕，采取的正是守势，可谓深得《道德经》“不敢为主而为客”的三昧。

第七十章　吾言甚易知

原文

吾言甚易知，甚易行。而天下莫能知，莫能行。言有宗①，事有君②。夫唯无知③，是以不我知④。知我者希⑤，则⑥我贵矣。是以圣人被⑦褐⑧而怀⑨玉。

注释

①宗：宗旨，纲领、主张。

②君：主宰，目标、纲领。

③无知：不能理解。

④不我知：不知道我。

⑤希：稀，少。

⑥则：法则，效法；陷害。

⑦被：通“披”；指穿在身上。

⑧褐：粗麻衣，粗布衣。

⑨怀：怀藏，放在怀里。

译文

我的理论是容易理解的，容易实践的；但天下没有人能理解它，没有人能实践它。提出理论要有纲领，做成事业要有目标。因为人们不能理解，所以不知道我。知道我的人很少，效法我就显得难能可贵了。因此，“圣人”穿着粗布衣服而怀里揣着宝玉，一般人却不知道。

老聃智慧

《道德经》关于“知”与“行”的论述，都是围绕“道’展开的。“知”当然是知“道”，“行”当然是行“道”。但这个“道”并不玄，应该能为人们所理解和掌握。

老子说得明白又透彻，但人们未必能真正理解他话中的深义。所以老子在出函谷关前，将该交待的都交待了。那么他是否归入山林，去当隐士了呢?

随着封建大一统帝国的建立，野无遗贤成了政治开明的标志。尤其是自汉武帝“废黜百家，独尊儒术”之后，知识分子更乐于接受修身、齐家、治国、平天下的观念。但每逢乱世或政治腐败的时代，知识分子通经致用的仕途被堵塞，不得不重新选择人生道路，有的便采取了避世隐身的态度，当了隐士。庄子认为，世上真正的隐士有两类：一类是隐于山谷的“非世之士”，通常是心高气傲，愤世嫉俗；另一类是隐于江湖的“避世之士”，通常是心平气和，与世无争。

魏晋时竹林名士嵇康，当属“非世之士”。他在《卜疑》一文中，列举了28种不同的处世态度，以供世人选择。这些处世态度，可分为入世与出世两大类。入世的包括：建功立业，“将进伊挚而友尚父”；纵情享乐，“聚货千亿，击钟鼎食，枕藉芬芳，婉妾美色”；苟且偷安，“卑儒委随，承旨倚靡”；仗义行侠，“市南宜僚之神勇内固，山渊其志”；游戏人生：“傲倪滑稽，挟智任术”等等。出世的包括：隐居山林，“苦身竭力，剪除荆棘，山居谷饮，倚岩而息”；隐居人间，“外化其形，内隐其情，屈身隐时，陆沉无名，虽在人间，实处冥冥”等等。文末，嵇康借太史贞父之口，表明了自己的人生观：“内不愧心，外不负俗，交不为利，仕不谋禄，鉴乎古今，涤情荡欲。”

很显然，嵇康是选择了出世的处世态度。归返自然，像老子那样恬静寡欲、超然物外，正是他追求的一种理想人生。这种追求，说到底，是不想卷入政治的漩涡和社会的纷争，追求的是一种淡泊闲适的生活。因此，崇尚这种追求的知识分子不少，但像嵇康那样执着的却不多。如竹林旧友山涛，原来也一心想隐居山林，但后来还是被封建统治者所网罗，步入仕途，还推荐嵇康出山。为此，嵇康愤然写了《与山巨源绝交书》，其中用“七不堪”表明自己与礼法和礼法之士的尖锐对立：

卧喜晚起，而当关呼之不置，一不堪也。抱琴行吟，弋钓草野，而吏卒守之，不得妄动，二不堪也。危坐一时，痹不得摇，性复多虱，把搔无已，而当裹以章服，揖拜上官，三不堪也。素不便书，又不喜作书，而人间多事，堆案盈几，不相酬答，则犯教伤义，欲自勉强，则不能久，四不堪也。不喜吊丧，而人道以此为重，已为未见恕者怨，至欲见中伤者；虽瞿然自责，然性不可化：欲降心顺俗，则诡故不情，亦终不能获无咎誉，如此，五不堪也。不喜俗人，而当与之共事，或宾客盈坐，鸣声聒耳，嚣尘臭处，千变百伎，在人目前，六不堪也。心不耐烦，而官事鞅掌，机务缠其心，世故繁其虑，七不堪也。

当然，当不当隐士，并不能说明一个人的品行。老子提倡顺应自然，不要矫揉造作。这一点，苏东坡阐述得最为明白：“欲仕则仕，不以求之为嫌；欲隐则隐，不以去之为高。饥则叩门而乞食，饱则鸡黍以延客——今古贤之，贵其真也。”

“真”，就是人性最可贵之处。

第七十一章　知不知，尚矣

原文

知不知[①]，尚矣；不知知[②]，病[③]也。是以圣人之不病也，以其病病也，是以不病。

注释

①知不知：知道就像不知道，表示谦虚。

②不知知：不知道却装作知道，不谦虚、不老实。

③病：弊病。

译文

知道就像不知道，这是高明的。不知道却装作知道，这是大毛病。圣人之所以没有大毛病，是因为他把“不知知”这种毛病当作毛病，所以就没有毛病了。

老聃智慧

老子是一个智者，他懂得社会、懂得自然、懂得政治、懂得军事、懂得哲学、懂得历史……但他却又好像什么都不懂得，显示出一种人所未有的超脱。

要达到老子所说的“圣人”的标准是很不容易的。有的人不懂装懂，不知道装作知道，这就会引发弊病。人们为什么会不懂装懂呢？无非是因为怕承认不懂，被人说自己笨，有失面子。

五代时有个名叫张拙的秀才，请禅月大师带他参见石霜。石霜见了他后，先是客气地问道：“秀才尊姓大名？”张拙诚惶诚恐地回答：“鄙人姓张，单名一个拙字。”石霜突然不客气地说：“觅巧尚不可得，拙又从何而来？”张拙被这一问，突然省悟，便写了一首谒诗呈于石霜：“光明寂照遍河沙，凡圣含灵共我家。一念不生全体现，六根才动被云遮。破除烦恼重增病，趋向真如亦是邪。随顺世缘无挂碍，涅槃生死等空花。”

世人都想聪明一点，唯恐被人骂“笨蛋”。张拙的观念与众不同，取名为“拙”，就是自认为很笨。说自己笨的人，不一定真笨；说自己聪明的人，也不一定真聪明。有人只是假装聪明，看上去好像什么都懂，其实并未真正懂得社会与人生。

张拙呈于石霜的谒诗，正是他突然领悟后的一点心得。谒语一反佛家传统的说法，如“破除烦恼”，进入了自由无碍的境界，怎么还会“重增病”呢？“趋向真如”，认清了一切事物的真实状况，怎么会“亦是邪”呢？莫非他要放弃追求“涅槃”这个最高境界吗？当然不是。谒中强调的是“随顺世缘”。这就是石霜对张拙分析的“巧”与“拙”的关系。连一般人眼里“巧”的标准都达不到，怎么称得上具有慧根的人眼里的“拙”呢？

老子说：“大直若屈，大巧若拙，大辩若讷。”一个真正超脱的人，不会口口声声说自己六根清净，已见真如之性。所有的真理，都具有普遍性，也都最简单。所谓“随顺世缘”，也就是老子所说的顺应自然、返璞归真。这既是学佛修行者的准则，也是传法播道者的法门。要超越世上诸法，首先要超越自己，才能真正做到“无挂碍”。

老子的要求很高，认为知道要像不知道那样，才真正称得上高明。

《庄子·知北游》记载：

有个名叫知的人，北游玄水，登隐弅之丘，正巧遇上名士无为。他便想与无为多聊聊，于是说道：“我想请教先生：何思何虑则知‘道’？何处何服则安‘道’？何从何道则得‘道’？”无为仿佛没有听到他的问题似的，漠然不答。知看到问不出什么名堂，就辞别了无为回到白水之南，登狐阙之上，拜访名士狂屈，并向他问“道”。狂屈说：“你的问题我能回答，告诉你……”话说到这里，他突然不说了，任凭知怎样问，他都闭口无言。

知没有得到答案，便来到帝宫，拜见黄帝，顺便向他问“道”。黄帝爽朗地回答：“无始无虑始知‘道’，无处无服始安‘道’，无从无道始得‘道’。”知对黄帝的答案很满意，兴奋地说：“还是我与你懂得‘道’，无为与狂屈根本不懂什么是‘道’，所以哑然不答——是不是这样？”黄帝却不同意：“无为是真正懂得‘道’的人，狂屈和他十分相近；而我与你对‘道’的认识，倒是非常肤浅的。”

庄子无疑也是一个智者，他通过《知北游》一文告诉我们：“道”是虚无缥缈的，没有必要去问，也没有必要去回答。“道”无法言传，只能意会。真正懂得“道”的人，绝不会张口闭口说“道”如何如何；而能将“道”说得明明白白的人，未必真正理解“道”。

无为和狂屈都是智者，但他们并不卖弄聪明。聪明人被人看作“傻瓜”的事是常有的，正所谓“大智若愚”。所以洪应明在《菜根谭》中说得好：“鹰立如睡，虎行似病，正是它攫鸟噬人法术。故君子要聪明不露，才华不逞，才有任重道远的力量。”

老子一言以蔽之：“知不知，尚矣。”

第七十二章　民不畏威

原文

民[①]不畏威，则大威[②]至；无狎[③]其所居，无厌[④]其所生。夫唯不厌，是以不厌[⑤]。是以圣人自知不自见[⑥]，自爱不自贵[⑦]。故去彼[⑧]取此[⑨]。

注释

①民：老百姓。

②威：威势。

③狎：逼迫，封闭，排挤；开闸门。

④厌：压迫；引申为阻塞。

⑤厌：讨厌。

⑥见：同“现”；显露，表现。

⑦贵：抬高，吹捧。

⑧彼：指自见、自贵。

⑨此：指自知、自爱。

译文

当老百姓不惧怕你的威势时，那么你已经有了很大的威势。不要排挤他们的居住场所，不要阻塞他们的谋生道路。只有你不压迫老百姓，老百姓才不会讨厌你。因此，“圣人”但求自知而不自我表现，但求自爱而不自我抬高。所以要去掉自我表现、自我抬高的陋习，提倡“自知”“自爱”的作风。

老聃智慧

老子长期与生活在社会底层的人打交道，比较了解普通百姓的疾苦，对大奴隶主贵族的腐朽生活和专横跋扈十分反感，并看出这正是导致奴隶主阶级灭亡的催化剂。但老子并不希望这一切发生，所以他旗帜鲜明地提出了要理解、关怀、爱护人民群众的观点，要统治者不要自以为是，不要贪图享受，这样才能保持统治地位的稳固。

《道德经》第七十二章的这番话，可以理解为一种统治百姓的权术。统治者要坐稳天下，是很不容易的，没有权术不行。统治权术，说到底是一种驭人之术，需要恩威并施、刚柔相济。无论多么高明的统治者，如果只用一种方法治理国家，那只能解决部分问题，而且还会留下一定的副作用。太严厉了，难免万马齐喑，死气沉沉；太宽厚了，难免人心涣散，约束不住。所以，必须一文一武、一紧一缓、一张一弛、一严一宽，互相搭配，各尽其用。在日常生活中，有“红脸”、“白脸”各种角色；在政治舞台上，也有唱“红脸”和唱“白脸”的分工。这样做的目的，无非是为了调节社会、政治气氛，以利于统治的巩固。

明代徐祯卿所著的《翦胜野闻》中，载有明太祖朱元璋和太子的一段对话：

太子朱标见父亲朱元璋时常开杀戒，诛杀功臣，便苦苦相劝。有一天，当他又开口劝谏时，朱元璋一声不吭，命人拿来一根满带荆棘的木杖，扔在地下，要太子去拿。太子显得很为难，觉得没法拿。朱元璋便得意地教训他道：“这根木杖你拿不吧？不过，我只要将木杖上的刺修剪干净，你就很容易拿了。我现在杀的人，都是些危险分子。把这些人除掉，才能传给你一个稳稳当当的江山，这是你的福分啊！”太子却不领情，辩解道：“上有尧舜之君，下有尧舜之民。”言下之意，只要当皇帝的仁慈，做臣民的便自然会忠心耿耿。”听到太子这样说，朱元璋怒发冲冠，操起坐着的竹榻向太子砸去。太子连忙躲闪，于是父子俩你追我逃，在皇宫中闹得不亦乐乎，也顾不得什么体统了。

这个心慈手软的太子朱标没活到登基就一命呜呼了，所以他始终没有能理解朱元璋的良苦用心。朱元璋的心情，只有与他处于同一地位的人才能理解。他先唱“红脸”，想让儿子以后唱“白脸”，谋略可谓深远。但他没想到过犹不及，把戏演过了头，弄得人心惶惶，儿子也过早地去世了。他将皇位传给长孙时，南京朝中早已没有了“带刺”的人才，所以当燕王朱棣兴兵“靖难”时，也就没有能够抵御的人了。

中国历史上，像朱元璋这样的皇帝，还有很多。

康熙大帝在位61年，为政宽宏，但因此也引出了不少潜在的麻烦，但他又不想在晚年突然改换治国风格。所以，他没有传位给与自己风格相似的十四子，而将皇位传给了冷峻老辣的第四子——雍正。他之所以这样做，是觉得老像自己那样唱“白脸”，会被刁顽之徒钻政策、法律的空子。让雍正这样善唱“红脸”的角儿上台，便可以拉破面皮，革除旧弊，清理隐患，大刀阔斧地砍掉“荆棘”，不使江山易姓。

康熙“白脸”演罢，雍正“红脸”马上粉墨登场，可谓相得益彰，各有声色，为此后乾隆“盛世”拉开了序幕——这便是“白脸”“红脸”默契配合的政治艺术，也是一手软、一手硬的统治权术。脸谱可以更换，不仅不同的角儿可以用不同的脸谱，就是同一名角儿，只要你有艺术功底，也尽可以今天演杀气腾腾的武净大花脸，明天扮温文尔雅的须生。当帝王的，又何尝不可？

然而，帝王唱“白脸”“红脸”毕竟只是玩弄权术，是一种权宜之计，所以一定要与相应的政策配套，既不让奸臣贼子有机可乘，又得让百姓得到实惠，才能使江山长治久安。对待百姓，要像老子所云“无押其所居，无厌其所生”，才能不失民心，有稳固的统治基础。

第七十三章　勇于敢者则杀

原文

勇于敢[①]者则杀，勇于不敢者则活。此两者，或利或害。天之所恶[②]，孰[③]知其故？天之道，不争而善胜，不言而善应，不召而自来，坦然而善谋。天网恢恢[④]，疏[⑤]而不失[⑥]。

注释

①敢：妄动。

②恶：厌恶，讨厌。

③孰：谁。

④恢恢：宽广，弘大。

⑤疏：稀疏，不密。

⑥失：遗失，漏掉。

译文

勇而妄动，就会被消灭；勇而不妄动，就能保存自己。这两种现象，前者有害，后者有利。天所讨厌的，谁能知道究竟是什么原因呢？所以“圣人”也觉得难以预料。天的“道”，不争斗而善于取胜，不多说而善于应对，不召唤而自动归顺，诚厚而善于谋划。天网十分宽广，网眼虽然稀疏却什么也漏不掉。

老聃智慧

老子之所以一再强调“无为”，是因为他有一种强烈的“命运”观念。他观念中的“命运”，既是指自然的命运，也是指人类的命运；既是指社会的命运，也是指个人的命运。这“命运”具有规律性的意义，是“道”的安排，人在它的面前是无能为力的。你想“有为”，也是毫无意义的，因为你无法改变“命运”，只能服从“命运”，适应“命运”。于是，“无为”成了一种无可奈何，与儒家的“天命论”达到了相通。

在科技不发达的古代，人们大多把生死寿夭、富贵贫贱、吉凶祸福等看作是注定的“命运”，亦即非人类自身所能把握的一种力量在支配着一切。比较有代表性的是儒家的观点：“死生有命，富贵在天。”孔子甚至说：“不知命，无以为君子也。”

老子虽有与孔子相通之处，但毕竟对“命运”看得比孔子淡泊些，而是更多地强调“道法自然”，即认为“道”是起决定作用的，“命运”只能体现“道”的原则，而无法主宰“道”的意志。虽然“道”也是神秘的，但它毕竟能应修而得。只要效法自然，不违背自然规律，就能得“道”，因而也就能排斥“命运”对人世的干预，游离于“命运”的罗网。

无论怎么说，老子以后的道家学派，乃至后来的道教，都继承了他的有关“命运”的学说，并以自己的理解作了发挥，其中有对“命运”的积极抗争，但也有颇多对“命运”的消极屈从。

庄子是老子之后的道家睿哲，他对“命运”的看法似乎有点无奈。《庄子·人间世》说：“天下有大戒二：其一，命也，……知其不可奈何而安之若命，德之至也。”庄子相信“命运”的力量，并有点“宿命论”。他之所以会持这种观点，是因为他看到，人生在世，逃脱不了利欲的诱惑，而这种诱惑正是冥冥之中“命运”的安排。

《庄子·山木》中有这样一段描述：

有一次，庄子在雕陵栗园里游玩，看到一只不同寻常的喜鹊从南方飞来。这只喜鹊张开翅膀有七尺宽，睁开眼睛有寸把大，从庄子面前一掠而过，擦着了他的额头，停在前面栗树林里。庄子自言自语地说：“你这只笨鸟，翅膀大却不飞向远方，眼睛大却看不见东西。”

说罢庄子撩起衣角，轻手轻脚地钻进栗树林，拉开弹弓准备射击这只喜鹊。但就在这时，他却停手了，因为他看到了这样一幕：一只蝉舒适地躲在树荫里，不知眼前面临着危险，身后有只螳螂，正高举着锯齿般的爪子，准备捕捉它。而这只全神贯注准备捕蝉的螳螂，却没发现自己身后正有只大喜鹊窥视着。而马上就要享受螳螂美味的喜鹊，没料到树底下有个人，正拉开弹弓准备击毙自己。

就在这一刹那，庄子猛然惊觉：“人和动物一样，只看到自己眼前的利益，而不知身旁潜伏的危机，一心想危害别人，自己又何尝不危险呢？”想到这里，庄子扔掉弹弓转身就跑，管栗林的人见他匆匆忙忙的样子，还以为他是偷栗贼，便在后面骂骂咧咧地追赶着。庄子一口气跑回家，足足三天没出门。

弟子问他为什么，庄子语重心长地说：“我为了射击喜鹊而忘掉了自己的处境，就如同看惯了浊水而突然看见清渊，心里反而迷惘起来了。我曾听老子说‘到了那个地方，就要遵循那里的风俗习惯’，现在我因游玩雕陵而忘了自身的处境，追着一只喜鹊钻进栗园，还遭到管栗林的一顿辱骂，这桩事情值得反省啊！”

庄子讲这个故事，无非是想说明“命运”是尖刻的，也是公平的。

它会摆布人，也会捉弄人。谁要是逐利忘形，或伤害别人，那么也将会有祸患临头，就像螳之捕蝉、鹊之捕螳、人之捕鹊一样。

奉老子为教祖的道教是信仰“天命”的。但不少道教学者，都主张有条件地控制“命”，驾驭“命”，并要克服“命”中的厄运，解脱“命”中的烦恼，从而修得幸福的“命”、超脱的“命”。成书于汉魏间的《西升经》就曾提出“我命在我，不属天地”的观点，强调了人的“命”应该由自己来主宰，而无须依赖于外力。

西方睿哲也有《西升经》这种人能战胜“命运”的观点。如法国大文豪巴尔扎克说过“ 恶运，是最好的老师。”美国民主诗人惠特曼则说：“当我活着时，我要作生命的主宰，而不作它的奴隶。”这种敢于向“命运”挑战的大无畏的精神，不能不使人肃然起敬。

第七十四章　若民恒且不畏死

原文

若民恒且不畏死，奈何以杀惧[①]之也？若民恒且畏死，则为奇[②]者，吾将得[③]而杀之，夫孰[④]敢矣？若民恒且必畏死，则恒有司杀者[⑤]。夫代[⑥]司杀者杀，是代大匠[⑦]斫[⑧]也。夫代大匠斫者，希[⑨]不伤其手矣。

注释

①惧：恐惧，恐吓，吓唬；使人民畏惧，即威吓人民。

②奇：与众不同；引申为行为邪恶诡异。

③得：逮捕，抓获。

④孰：谁。

⑤司杀者：专门管杀人的人；泛指天。

⑥代：取代，代替。

⑦大匠：木工首领，木匠。

⑧斫：研斩，砍削。

⑨希：少。

译文

如果人民不怕死，何必用刑杀来吓唬他们呢？如果能使人民都怕死，有敢于捣乱社会、危害国家的，就把他抓起来杀掉，谁还敢再作恶捣乱呢？这样就要有专门管杀人的人。代替掌管杀人的去行刑，这就好比代替木匠去砍木头。那些代替木匠去砍木头的人，很难不砍伤自己的手啊！

老聃智慧

老子对劳动人民是很有同情心的。因为他看到，在当时的社会制度下，劳动人民遭受了残酷的剥削和压迫，过的是水深火热的生活。当然，即使老子再聪明、再慈悲，也无法改变这种现状，充其量只能发出“民不畏死，奈何以死俱之”的呼吁。

老子之所以用“民不畏死”和“若使民常畏死”来说明问题，是因为自古以来，人都希望生，把生置于一切之上。当然，死虽然是可怕的，但也可以对它无所畏惧，甚至对它进行调谑。

南宋时，叶衡遭谗罢相，回到家乡。有一次他生病，许多人登门来探望。叶衡问了大家一个问题：“有谁知道死后是快乐呢，还是不快乐？”众人都摇头说“不知道”，但座中有位客人却肯定地说：“死后一定十分快乐。”叶衡吃惊地问道：“你是怎么知道的？”这人得意地说：“这个问题太简单了，要是死后不快乐，那么死者一定都逃回阳间来了；而从古到今，没见一个死人从阴间逃回来，可见死后是很快乐的。”

这种对死的调谑，并不能说明不怕死，但至少说明对死并不十分畏惧。真正使人感到恐怖的，是老子所说的那些“司杀者”，即专门管杀人的人。比如武则天时代的酷吏来俊臣、周兴之流，他们可谓杀人如麻，两手沾满了鲜血。

周兴是个极为残酷的人，经常法外立刑，人们将他比作阎罗殿上牛头马面的行刑鬼，即“牛头阿婆”。他用酷刑逼供，用极为残忍的手段杀人，还公然在衙门口写上两行大字：“被告之人，问皆称枉；斩决之后，咸息无言。”杀了头当然不会再来喊冤枉。可以想像，这个“司杀者”造成了多少冤狱！但恶有恶报，有人状告周兴谋反，武则天便派来俊臣处理这一案件。来俊臣不露声色地与周兴一起吃饭，随便聊道：“如果犯人不肯服罪招供，怎么办？”周兴便说：“将犯人装进一个大瓮中，周围用热的煤炭烘烤，那犯人什么罪都能招认。”来俊臣马上让人按周兴的办法，弄来大瓮，烧起炭，命手下将周兴捆绑起来，对他说：“请君入瓮！”周兴杀人无数，自己却十分怕死，面对自己发明的刑罚——炽热大瓮，吓出了一身冷汗，连忙服罪。后来他在充军的路上，被仇人杀死，落了个不得好死的下场。

不怕死的人，也确实有。中国历史上，有许多仁人志士，为了表示宁死也要办成某桩事的决心，干脆将棺材也抬了出来。比如三国时将庞德，为了与蜀将关羽决战，便抬着棺材出兵。明代海瑞向嘉靖皇上疏，为了表示文臣不怕死于谏的决心，差点将棺材扛上了金銮殿。无独有偶，与海瑞同时还有个清官，名叫刘玺，也事先备好了棺材，与一贪官斗法。

嘉靖年间，有些权臣常派人去南方购买货物，然后胁迫漕运总督将买的货物分派各艘官船运回京师，用以倒卖牟利。这样一来，运输量大加，负责搞漕运的人员被搞得疲惫不堪。以廉洁奉公著称的刘玺接任漕运总督后了解了这一情况，便在船上放了一口棺材，等权臣的干办来交涉运货时，就右手提刀，左手招呼他们过来，正气凛然地说道：“你们要是不怕死，就将货物搬上船来，我先杀了你们，然后自杀，就躺在这口棺材里。我不会为了给你们主子装货，而使国家劳民伤财！”

刘玺的正气震住了所有人，这批干办胆颤心惊地逃走了。那些权臣毕竟心虚，最终也没敢加害刘玺。

人都难免一死，怕死也得死，不怕死也得死。不同的是，有人死得重于泰山，有人死得轻于鸿毛，更多的人是死得寻常，死得无声无息。老子关于“民不畏死”的观点，是在劝谏统治者不要随便使用高压政策，不要草菅人命，不要用死来威胁无辜的百姓。

第七十五章　民之饥

原文

民之饥，以其上[①]食税[②]之多，是以饥；民之难治[③]，以其上之有为[④]，是以难治；民之轻[⑤]死，以其上求生之厚[⑥]，是以轻死。夫唯无以生为[⑦]者，是贤[⑧]于贵生。

注释

①上：君上、君王，统治者。

②食税：吞食税赋；犹取税，统治者取税以自养，如同取食物以自养。。

③治：治理，统治。

④有为：强行妄为，为所欲为。

⑤轻：轻视，不怕。

⑥求生之厚：过分追求富庶，追求奢侈生活。

⑦无以生为：将生命置之度外。

⑧贤：胜过，胜于。

译文

人民所以遭受饥荒，就是由于统治者吞吃赋税太多，所以人民才陷于饥饿。人民之所以难于统治，是由于统治者政令繁苛、喜欢有所作为，所以人民就难于统治。人民之所以轻生冒死，是由于统治者为了奉养自己，把民脂民膏都搜刮净了，所以人民觉得死了不算什么。只有不去追求生活享受的人，才比过分看重自己生命的人高明。

老聃智慧

老子不是经济学家，也不是社会学家，但他十分清楚，劳动人民之所以生活贫困，是因为统治阶级贪得无厌的剥削；劳动人民之所以难以统治，是因为统治阶级为所欲为的压迫。在当时的历史条件下，谁也没法解决“民之饥”“民之难治”“民之轻死”等难题，智慧如老子，也是无能为力的。

老子所说的上述情形，具有普遍意义，在古代经常发生，中国如此，外国也是如此。以古埃及而言，当时劳动人民辛辛苦苦创造的财富，大部分都被统治阶级以税收形式掠夺去了，剩下的仅能维持基本生活。这种付出艰苦劳动只有微薄收入的不公平现象，造成了古埃及人民心理上的不平衡，他们便通过抗税来改善自己的生活。

不交税或少交税，在古埃及是要受到惩罚的，轻则施以杖刑，重则还要杀头。但古埃及人民却宁可受皮肉之苦，甚至冒死亡的危险，以此来换取免税。他们以抗税为荣，如果谁在官府面前表现得顽强，给收税的官员造成麻烦，那他就会得到人们的赞赏和尊敬。反之，如果谁不能亮出身上的伤痕，来说明自己怎样顽强地杭税，便会无地自容，被人瞧不起。

威尔金森所著的《古埃及生活和风俗》中，载有这样一则故事：

有个人因抗税不交而被官府逮捕，审讯官生气地问：“你为什么不交税？”此人露出一副可怜的样子说：“我交不起这么多税啊！”他的话音刚落，便被按倒在地，棍棒像雨点般地落到了他的身上。尽管他呼天抢地，请求赦免，但都无济于事，直打得他皮开肉绽。最后这个人实在熬不住疼痛，不得不叫嚷道：“别打了，别打了，我马上交税！”审讯官这才喝住行刑的下属，教训道：“你这个刁民！早一点交税，也免受皮肉之苦了！”

这个人被释放了，由一个刑卒押送回家，拿出应付的钱财交了税。他向妻子诉说了被官府逮捕不得不交税的苦衷，不料妻子却大声训斥道：“你真是个懦夫、蠢货、怕死鬼！没想到官府第一次要你交税，你便让他们如愿以偿了。我原以为，你会在受五六次打之后，才会屈服，想不到你这么不中用。由于你的懦弱，看来我们明年要交双份的税了，真是不知羞耻！”面对妻子的误解，可怜的丈夫只得解释说：“不，亲爱的，我实在忍受不了才答应交税的。你先别忙着责备我，看看我身上的伤痕吧！我虽然不得不交税，但他们也够麻烦的了，他们至少打了我一百下，才得到这些钱财。”妻子听了这番话，怒气才渐渐平息下来，开始为丈夫表现出来的勇敢和坚强感到骄傲，也开始安慰丈夫。

大多数古埃及人都有抗交税收的想法，所以抗税受到惩罚并不羞耻，羞耻的倒是在受惩罚时表现出来的懦弱。由于人民大众敢于抗税的强硬态度，不得不使统治阶级上层重新考虑税收政策。“食税之多”“求生之厚”实在是造成社会不稳定的根本因素。因为人民生活实在太贫困，到了连油都榨不出来的时候，即使以杖笞、以杀头相威胁，也是没有用的了。

古埃及人民宁可使皮肉受苦，也要千方百计逃税的行为，是一种无声的反抗。在当时的历史条件下，人民群众都对沉重的赋税感到不满，但又没有能力改变这种现状，只得采用抗税这种消极的方法。但在这消极中有着抗争，棍棒下有着坚强。人们之所以赞叹和尊敬不屈的抗税者，其实是流露了反对压迫和剥削的心声。他们希望这样做，能够引起统治阶级上层的重视，认识到责罚并不能从根本上解决问题。

“夫唯无以生为者，是贤于贵生。”老子这一论点，与古埃及人民可谓是心有灵犀啊！

第七十六章　人之生也柔弱

原文

人之生也柔弱[①]，其死也坚强[②]；草木之生也柔脆[③]，其死也枯槁[④]。故曰坚强者死之徒[⑤]，柔弱者生之徒。是以兵[⑥]强则灭，木强则折[⑦]。强大处下[⑧]，柔弱处上[⑨]。

注释

①柔弱：柔软、脆弱。

②坚强：僵硬、呆板。

③脆：脆弱，易折。

④枯槁：枯萎干硬。

⑤徒：类属。

⑥兵：军队。

⑦折：遭到砍伐。

⑧下：下降。

⑨上；抬升。

译文

人活着的时候身体是柔软的，死后身体就变得僵硬了。万物草木生存时是柔软脆弱的，死后变得枯萎干硬了。所以说，坚强的东西是趋于死亡的一类，柔弱的东西是趋于生存的一类。因此，军队强大了就无法取胜，树木粗壮了就会遭到砍伐。所以强大处于劣势，柔弱处于优势。

老聃智慧

老子对于矛盾双方相互转化的问题，有比较深刻的认识。他提出的“兵强则不胜，木强则兵”的理论，确有其一定的道理。老子看到了柔弱与刚强之间的转化过程，一些原来柔弱的事物，后来居然战胜了强大的敌人，因而他的结论是“坚强者死之徒，柔弱者生之徒。”

不过，这种说法却有些过于绝对化了。至少，他没有将垂死的、腐朽事物的柔弱和新生事物的柔弱区别开来。应该承认，新生的事物虽然柔弱，但能由弱转强；而垂死的事物的柔弱，却不可能战胜刚强，且必定走向死亡。

关于柔弱与刚强之间会相互转化、弱者最终能战胜强者这一命题，佛家典籍中亦时有论述。比如，《佛本行集经》第三十一卷所述巨虬与猕猴的故事，就很有代表性：

从前，大海中有一条巨虬，它的妻子怀孕了，想吃猕猴的心。巨虬为难地说：“我们生活在大海里，猕猴生活在山林中，很难弄到啊！”雌虬叹口气说：“那也没办法了！我现在只想吃猕猴心，如果得不到，怀中之胎必堕，我的生命也不会久远了。”巨虬着急地对雌虬说：“贤妻，你暂时等待一下，我现在就设法去弄。”

巨虬从深海游到岸上。岸边有一棵大树，名叫优昙婆罗。树上有一只大猕猴，正在树头摘果子吃。巨虬游到树下不远处，讨好地向猕猴招呼：“善哉！善哉！您在树上干什么呀，不是太辛苦了吗？为了搞点吃的忙上忙下，不觉得疲劳吗？”猕猴回答：“我倒不觉得疲劳。”巨虬又对猕猴说：“您在这里，吃些什么东西？”猕猴告诉它：“我在优昙婆罗树上，吃的是这树上的果子。”巨虬说：“我和您真有缘，看到您就心生欢喜。我想与您交个朋友，互敬互助。如果愿意的话，您跟着我，我将渡到海的彼岸，那里的森林中，有各种各样树木，花果丰饶，有庵婆果、阎浮果、梨拘阁果、颇那婆果、镇头迎果等等。”猕猴问道：“海洋辽阔，难以越渡，我怎样才能去那里呢？”巨虬便说：“我背着您，就能将您渡到彼岸。您现在只要从树上下来，骑到我背上就可以了。”

猕猴根本没提防巨虬别有用心，而且脑袋不开窍，少见少知，听巨虬说得天花乱坠，便信以为真，高兴得从树上跳下，骑在虬背上，渡海而去。巨虬很得意，心想目的已达到，在快到居处时，他开始背着猕猴往水下沉。猕猴慌忙问：“好朋友啊，你为什么突然下沉？”巨虬说：“老实对你说，我妻子怀孕想吃猕猴的心，因为这个缘故，我才将你骗来。”

这时猕猴想道：“呜呼！我今天真是不吉利，自取灭亡。我现在得想个办法，才能免遭厄难，不至于白白送命。”想到这里，便对巨虬说：“仁慈的朋友，我的心留在优昙婆罗树上，不曾随身带来。你当时为什么不对我明说，不然我就将心带来给你了。你送我回去，我取了心交给你。”巨虬听猕猴这么一说，想想也没什么其他办法，只得又背着它回去。猕猴等到巨虬靠岸，便奋力一跃，从虬背上跳下，迅速爬到优昙婆罗树上。巨虬等了好久，还不见猕猴下来，只得又以美言相诱：“亲密的朋友，您快下来，跟我一起出海吧！”猕猴心想：“这条巨虬真是愚蠢！”便直截了当地对它说：“我不会再上你的当了，你快死心了吧！”巨虬只得失望地游去了。

巨虬关怀自己的妻子，实在无可厚非，但它把自己及妻子的欢乐建立在别人的痛苦上，甚至要别人付出生命的代价，这实在太自私，甚至太残酷了。巨虬和猕猴相比，力量要强大得多，而且在海上猕猴根本不是巨虬的对手。但猕猴用智慧骗过了巨虬，使自己重返岸边，攀上大树。这时，巨虬再强大，对它也无能为力了。

由此可见，弱者战胜强者，是有一定条件的。在大海中，弱小的称猴根本不能战胜强大的巨虬；在岸上，强大的巨虬却奈何不了弱小的猕猴。所以说，老子关于“坚强者死之徒，柔弱者生之徒”的论述，只是在特定条件下才是行得通的。

第七十七章　天之道

原文

天之道①，其犹②张③弓与？高者抑④之，下者举⑤之；有余⑥者损⑦之，不足者补⑧ 之。天之道，损有余而补不足；人之道⑨则不然，损不足以奉⑩有余。孰⑪能有余以奉天下？唯⑫有道者。是以圣人为而不恃，功成而不处，其不欲见⑬贤邪？

注释

①天之道：自然界的规律。

②犹：如，像。

③张：将弓弦绷紧。

④抑：压低、压制。

⑤举：抬高、举起。

⑥余：多余。

⑦损：减损，削减。

⑧补：补偿。

⑨人之道：社会秩序。

⑩奉：奉给，供奉。

⑪孰：谁。

⑫唯：只有。

⑬见：通“现”，表现。

译文

天道运行的法则，就像是张弓上弦吧？太高了压低一些，太低了抬高一些，太紧了放松一些，太松了拉紧一些。天“道”是削减有余的，补偿不足的；人“道”则相反，是削减不足的，奉给有余的。谁能把有余的东西奉献给天下人？只有遵循天“道”的人。因此，“圣人”做了好事而不占为己有，胜利了而不居功自傲，他是不愿意表现自己的智慧才能。

老聃智慧

老子哲学思想的一个重要法则，就是“有余者损之，不足者补之”。他认为这是“天之道”。这种看法，反映出我们祖先思维的一种最深层次的要旨，即保持事物间的平衡及事物内部的平衡。只有保持了这种平衡，事物才能循环发展，圆转无穷。

“损不足以奉有余”，必然导致各种腐败现象，比如行贿，就是其中之一。行贿的对象，往往是有权有势的“有余”者，而行贿这一行为，又一定会直接或间接地损害“不足”者的利益。而有些受贿者表面上一本正经，暗地里却干着贪赃枉法、为虎作伥的勾当。

唐代李肇所著的《国史补》中有《崔昭行贿事》一文，对行贿、受贿的描述颇为典型：

裴佶去探望姑妈，正巧他姑父退朝回府，一边叹气，一边说道：“崔昭算老几？现在满朝大臣都在称赞他，这肯定是他在行贿。这样发展下去，天下还会太平吗？”话音未落，看门人来报：“寿州崔使君等候会见。”裴佶姑父听说崔昭来访，看门人居然还为他通报，气得差点用鞭子抽打看门人。裴佶姑父发了阵脾气后，慢吞吞地换了衣服走向客厅。可是过了一会儿，他却吩咐献茶，再过了一会儿，又命厨房备酒宴，还叫下人去给崔昭喂马，给他的仆人送饭。崔昭走后，裴佶姑妈好奇地问丈夫：“为什么你开始时那么傲慢，后来却这样客气？”这时裴佶也走了进来，只见姑父一副高兴的样子，和蔼地对裴佶说：“你先到书房去休息吧！”裴佶还没有走下台阶，他姑父就迫不及待地从怀中拿出一张礼单，原来崔昭送来了一千两银票。

裴佶姑父其实也是一个贪官。他原来大骂崔昭，是因为对方还没来得及向他行贿。而当崔昭送上厚礼，他便“笑纳”了，而且马上改变了态。这正是典型的“损不足以奉有余”啊！

由此，可以看出“损有余而补不足”的可贵了。

宋仁宗时期，孙觉进士及第当了京官。他与王安石私交不错，所以当王安石变法推行新政时，孙觉上奏，提出“青苗法”使人民负担太重，请求减免，因而被贬到了福州。孙觉到了福州后，看到许多百姓因交不起官税钱被投入监狱，他虽然非常同情，可碍于律法无情，也无可奈何。不久，有一个富翁拿出五百万钱，发愿修缮寺庙。孙觉便晓之以理，劝说富翁把钱用来替穷人偿还官税，好使穷人免受铁窗之苦。他对富翁说：“这样做，虽然没能使寺庙焕然一新，但佛一定会谅解你，保佑你，使你修到更多的福气。”这个富翁倒也深明大义，把五百万钱送入官府替穷人交税，使许多百姓得到重获自由。

孙觉真是充满了智慧！他虽然同情百姓，却也深知不能违反法律不收官税。但他深谙老子“损有余而补不足”的道理，所以才想办法让富翁心甘情愿拿出巨款帮助穷人，使“不足”的穷人解脱了囚役之苦。这样做，一不犯法，官府完成了税收任务；二不违情，富翁、穷人皆大欢喜。可见孙觉此人，不仅为官清正，而且执法行事都很有机智谋略。

第七十八章　天下莫柔弱于水

原文

天下莫柔弱于水，而攻坚强者莫之[①]能胜，以其无以易[②]之。柔之胜强，弱之胜刚，天下莫不知，莫能行。是以圣人云："受[③]国之垢[④]，是谓社稷[⑤]主；受国不祥[⑥]，是谓天下王。"正言若反。

注释

①之：指水。

②易：移易，代替。

③受：承担，承受。

④垢：屈辱，耻辱、责怨。

⑤社稷：古代帝王诸侯祭祀的神，后来用作国家的代称。

⑥不祥：祸殃，灾难。

译文

天下没有比水更柔弱的了，而攻克坚强的东西什么也不能胜过它，任何东西也不能代替它。弱能够胜强，柔能够胜刚，天下人没有不知道这个道理的，但却没有人照此去做。所以"圣人"说：承受得起国家耻辱的人，才能做一国之君；承受得起国家灾难的人，才能做天下之王。合乎“道”的话，往往和世俗人情截然相反。

老聃智慧

老子的一种处世智慧，便是以弱胜强、以柔克刚。因此，他对以柔弱的形态展现出来的水极为推崇，赞颂道：“上善若水。水善利万物而不争。处众人之所恶，故几于‘道’。”“天下莫柔弱于水，而攻坚强者莫之能胜，其无以易之。”这些论述，体现出老子不争、无私及以退为进的思想。

老子所阐述的以弱胜强、以柔克刚的思想，为后人所广泛实践。

如《新唐书·王忠嗣传》记载：

唐朝天宝年间，安禄山在雄武筑城，扼守飞狐塞，阴谋叛乱。为了增加实力，他让王忠嗣带领所部去帮他筑城。筑城有抵御外寇的正当名义，王忠嗣只得奉命前去。而实际上，安禄山的目的是想趁机扣下王忠嗣的人马，用以增加自己谋反的实力。王忠嗣一眼就看透了安禄山的险恶用心，但凭实力无法与他抗衡，便装出恭顺的样子，故意提前赶到约定的地点。这时安禄山还没到，他便名正言顺地将部队撤回，从而躲过了安禄山设下的圈套。

如果王忠嗣与安禄山硬拼，显然不是其对手。所以他采取以柔克刚的策略，故意装作十分听话的样子，但又是阳奉阴违，使安禄山既将他恨得牙根发痒，又拿他没有办法。

像王忠嗣这种不与对手直接发生冲突的以柔克刚的做法，在历史上屡见不鲜。

如《明史·循吏传》记载：

明代南昌有个祝知府，他个性耿直，不畏权贵，为老百姓做了很多好事。有一次，宁王朱辰濠的王府内所养的一只鹤跑了出来，被老百姓养的狗咬死了。王府的差役跑到知府衙门告状，要求严惩养狗的刁民，而且危言耸听地说："这只鹤身上挂着金牌，是皇帝赏赐的，现在它被狗咬死了，这条狗的主人该当何罪？"祝知府明知王府的差役是在仗势欺人，却不露声色地判决道："鹤带金牌，狗不识字，禽兽相伤，与人何关？"那些狗腿子张口结舌，找不出什么理由来反驳，只能眼睁睁地看着祝知府将那闯祸的狗的主人放走了。

藩王是皇亲国戚，有权有势，谁也不敢得罪。王府的鹤竟然被百姓的狗咬死，那还了得！所以王府的差役为此到衙门打官司，用藩王的权势来压人，想置那条狗的主人于死地而后快。祝知府深知与王府硬顶不行，于是机灵地驳回了王府差役的状词，这就是以柔克刚。

在自然界中，以柔克刚最典型的事例就是水流石移、水滴石穿了。水柔弱，甘处卑下，不与人争，却无孔不入。诚如老子所云，天下没有比水更柔弱的了，而攻克坚强的东西什么也不能胜过它，任何东西也不能代替它。

第七十九章　和大怨

原文

和[①]大怨[②]，必有余怨，安[③]可以为善？是以圣人执[④]左契[⑤]，而不以责[⑥]于人。故有德司契，无德司彻[⑦]。夫天道无亲，常与[⑧]善人。

注释

①和：调和，和解。

②怨：怨恨，怨仇。

③安：怎样。

④执：持有，掌握。

⑤契：契券，古代借贷财物的凭证。

⑥责：责求，索取，催讨。

⑦彻：赋税，租赋。

⑧与；亲近，帮助。

译文

和解了大的怨仇，肯定还会有怨仇遗留下来。怎样才能妥善地解决呢？所以，“圣人”掌握着契券，而不向债户催讨。有“德”之人，掌握着契券而不逼债；无“德”之人，勒索租赋剥削穷人。“天道”不偏爱任何人，只是经常帮助善人。

老聃智慧

老子有一颗与人为善的心。他希望天下太平，人与人之间和睦相处，不要有纷争，不要有仇恨。而要达成这一愿望，必须培养起高尚的情操，必须有“德”。只有有“德”之人，才可能行善事、做善人，才能得到上天的护佑。

老子认为人与人之间的怨恨、纠纷应该解决，但不可能彻底解决。这种说法，在现实生活中屡有印证。举例来说：

清代时，曾出任福建闽县县令的曹怀素有“循吏”之名。有一天他外出，遇到两个人在路旁争论不休，周围有许多围观的人，有的在劝解，有的在看热闹，把路都给堵住了。曹怀身为地方官，遇到这样的纠纷，自然要出面调解。于是他便命人将争吵的二人带来问话。一个说：“回禀大人，我在路边拾到一封银子，正好五十两。我拿回家给母亲看，母亲说：‘谁丢了这么多银子，说不定还有急用呢！没了银子可能会出大事，你快去原来拾到银子的地方等候失主吧！’我遵照母亲的吩咐，马上赶回这里守候。果然此人一路找来，我便把拾到的银子全数还给了他，并请他查点。他拿到我交给他的银子后，看了半天，不但不谢我，反而说还少了五十两，要我一起还给他，这不是明摆着想敲诈我吗？”曹怀便问失主：“你丢的确实是一百两吗？”失主说：“千真万确，我真的丢了一百两。”曹怀心中已很清楚，就对拾银子的人说：“他丢的是一百两，同这封银子数量不对，说明这是别人丢的。既然到现在还没有失主来认领，这包银子就归你所有了。”接着，曹怀又对失主说：“你丢的那一百两银子，过一会说不定也有人会来送还的，你不妨就在这里等候吧！”拾银子的高高兴兴地拿着五十两银子走了，失主却张口结舌，不知说什么才好。对曹怀这样的处理，围观者无不拍手称快。

曹怀处理这桩拾银、还银纠纷，很得体，失主虽有怨恨，但也只能哑巴吃黄连。因为这个失主太贪心，已经收回丢失的银子，他却还想要敲诈人家五十两。曹怀明白，要真是拾银子的私吞了五十两，完全可以把一百两全部私吞，也就没必要站在这里等候失主了。既拾到银子还人，又要扣下一半，这在情理上说不通。由此曹怀判断出，这两个人，一个是拾金不昧的君子，一个是卑鄙的小人。因此，他将计就计，在明知失主是谁的情况下，还是将这五十两银子断给了拾银子的人。曹怀之所以能这样做，而失主又找不出理由反驳，就是利用了失主所报与原物不符这一漏洞。曹怀这样做的目的，是要奖励诚实的人，惩戒奸诈的人。这样做，从法律上来讲是不妥当的，但人们却认为很合情合理。因为人们都同情忠厚老实的人，憎恨贪得无厌的人。

老子认为，“圣人”掌握着契券，而不向债户催讨，便是有“德”。从现在的观点来看，这种说法未必妥当。有借有还，乃是人之常情。无论是外债还是内债，公债还是私债，到了偿还的期限，债主都有催讨的权利，债户则有偿还的义务。讨债的未必是恶人，欠债的未必是善人。为善与为恶，不能以债务关系来衡量。

第八十章 小国寡民

原文

小[①]国寡[②]民。使有什伯人之器[③]而不用；使民重死[④]而不远徙[⑤]；虽有舟舆[⑥]，无所乘之；虽有甲兵，无所陈之；使民复结绳[⑦]而用之。甘[⑧]其食，美[⑨]其服，安[⑩]其居，乐[⑪]其俗。邻国相望，鸡犬之声相闻，民至老死，不相往来。

注释

①小：作动词，使……小。

②寡：少，作动词，使……寡。

③什伯人之器：各种器具，工作效能较高的器械。

④重死：重视生命。

⑤徙：迁移，迁徙。

⑥舆：车辆。

⑦结绳：相传为文字发明前远古时代人们记事的方法。

⑧甘：以……为甘。

⑨美：以……为美。

⑩安：以……以安。

⑪乐：以……为乐。

译文

国家范围要小，百姓人口要少。拥有工作效能较高的器械而不使用，使百姓对死亡看得很重而不愿迁移。虽然有船和车，却没有人去乘坐；虽然有各种兵器，却没有人去使用。使百姓回复到结绳记事的远古时代。让百姓感到：现有的吃喝很香甜，现有的穿着很华美，现有的居处很舒适，现有的风俗很习惯。毗邻的国家能相互望见，鸡和狗的叫声能相互听到，百姓直到老死不相往来。

老聃智慧

老子对当时的现实社会生活颇为不满，但又看不到历史前进的方向，以为只要丢掉礼治和道德仁义，便可以回到“小国寡民”的理想社会去。在那里，国家很小，百姓很少，人们安居乐业，丰衣足食，不用兵器，不用舟车，没有知识，没有文化，“鸡犬之声相闻，民至老死不相往来”。老子描绘的，实际上是一幅美化了的初期奴隶制社会的图景。

老子所描绘的那种纯净、美好而又原始的理想社会，实际上是从来都不曾出现过的，当时和今后也都不会出现。其实，在现实生活中，要让历史倒退是不可能的。不过，在世界各国的宗教宣传中，却有老子所赞赏的那种社会生活的影子。

《圣经》中描述的上帝安排给人类始祖亚当和夏娃居住的伊甸园，就是一处恬静的田园生活所在。

伊甸园里有河流，分四道流向四方；园内果木茂盛，景色宜人；亚当和夏娃在园中过着无忧无虑的幸福生活。后来，他们因为违背了上帝的命令，偷食禁果，才被逐出了这片乐园。从此，上帝派天使把守住了通往伊甸园的道路，再也不让人类进到这所乐园中去了。然而，上帝是慈悲的。按照基督教的说法，上帝派遣耶稣为救世主，救赎世人。得救者的灵魂，可以升入天堂，和上帝一起同享永福。

伊斯兰教信奉的后世极乐境地，也称作“天堂”，或称“天园”“乐园”。

伊斯兰教描述，这个乐园是一个有树木遮荫，流有乳河、酒河、蜜河和水河的美丽清凉的花园。这里的人们，吃美味可口的鲜果和饮料，穿绸缎的衣服，睡舒适柔软的床榻，以金银和珍珠做装饰，有大眼睛的美女和童男陪伴，生活无忧无虑，见面互相道“平安”，可以尽情享受安拉给予的物质和精神的赏赐。

伊斯兰教认为，只有虔信者和经末日审判后确认的行善者，才能以这个乐园作为后世生活的归宿。

佛教则说，积德行善、一心念佛的人，死后就能往生西方极乐世界。

那里有庄严的殿宇、美妙的景色、丰富的物质，人民身心清净、健康长寿，没有群魔扰乱的痛苦，享有永脱轮回的快乐。佛教宣称，升到极乐世界的众生——只有托生莲胎之乐，没有住胎出胎的生苦；只有承受光明相好之乐，没有由壮而老的老苦；只有享受悠然自在之乐，没有生病患疾的病苦；只有接受寿命无量之乐，没有四大分散的死苦；只有相会法侣亲朋之乐，没有眷属生离死别的爱别离苦；只有普受友谊抚爱之乐，没有断绝情谊的怨憎会苦；只有安享万事如意之乐，没有事与愿违的求不得苦；只有深谙五蕴皆空之乐，没有色、受、想、行、识的五阴炽盛苦。

上述“八苦”，在极乐世界都不存在。但要往生这片乐土，必须止恶从善，信佛念佛。

基督教、伊斯兰教和佛教，是当今世界的三大宗教，其教义思想互不相同，但却有一个共同点，即都有类似老子理想社会的描述。

宗教家们之所以要宣扬符合其宗教教义的理想社会，是因为其宗教创始人对自己所处的时代及社会不满。他们看到了现实中的许多黑暗、不公及人民的痛苦，所以便设想出一个使人民能够安居乐业的美好世界，并以此作为宗教追求。

老子不是宗教家，也不是救世主。但他作为本阶级的思想家和代言人，有一种强烈的使命感，要为统治者提出一个理想的社会图景。虽然他的构想是一种倒退，并不理想，但这毕竟是他对当时现实社会的一种抨击——无奈的抗争。

第八十一章　信言不美，美言不信

原文

信言①不美，美言②不信。善者③不辩④，辩者不善。知者⑤不博⑥，博者不知。圣人无积：既⑦以为人⑧，己愈有；既以与人⑨，己愈多。故天之道，利而不害；人之道，为⑩而弗争。

注释

①信言：真话、实话，诚实。

②美言：华丽的语言，巧言。

③善者：优秀者。

④辩：自我夸耀，能说会道。

⑤知者：有学问、有才干的人；由于专一，故不广博。

⑥博；卖弄渊博；所接触者广，故不能专攻深知。

⑦既：尽力，尽量。

⑧为人：帮助人。

⑨与人：给予人。

⑩为：施为、帮助。

译文

真诚的语言不华丽，华丽的语言不真诚；优秀者不自我夸耀，自我夸耀者不优秀；有学问的人不卖弄渊博，卖弄渊博的人没学问。“圣人”没有什么积蓄，尽力帮助他人自己就越富有，尽量给予他人自己就越充足。天之“道”是：有利于万物生长而不去伤害它；“圣人”之“道”是：做了好事而不与人们争功。

老聃智慧

老子有清醒的头脑，所以他充满睿智，观察事物目光敏锐，提出问题深刻透彻。他臆测到在事物的辩证发展过程中，一些现象会掩盖其本质，因而就观点鲜明地将这种现象和本质之间的关系，作为普遍的规律性来揭示。

老子“善者不辩，辩者不替”的说法有着很现实的意义。因为人世间的许多误解，不是能通过“辩”消除的；在特定的情况下，“不辩’反而是最好的说明。在这方面，汉代公孙弘分寸便掌握得极好。

公孙弘在没有出道之前，生活很清贫，后来做了丞相，生活依然十分俭朴，吃饭只有一个荤菜，睡觉只盖普通棉被。就因为这样，大臣汲黯向汉武帝参了一本，批评公孙弘位列三公，却只盖普通棉被，像一名小文书那样寒酸，实质上是使诈以沽名钓誉，目的是为了骗取俭朴清廉的美名。汉武帝便问公孙弘：“汲黯所奏是否属实？”公孙弘回答道：“极黯说得一点没错。满朝大臣中，他与我交情最好，也最了解我。今天他当廷指责我，正是切中了我的要害。我位列三公而只盖棉被，生活水准和小吏一样，确实是故意装得清廉以沽名钓誉。如果不是汲黯忠心耿耿，陛下怎么会听到对我的这种批评呢？”汉武帝听了公孙弘的这一番话，反倒觉得他为人谦让，就更加尊重他了。

公孙弘有没有使诈以沽名钓誉，不是这里所要阐述的话题。在这里，我们要讲的是，面对汲黯的指责和汉武帝的询问，公孙弘一句也不辩解，并且全都承认，这实在是一种智慧！一般人听到别人批评指责自己，往往会沉不住气加以辩解或反击，总之是免不了一场唇枪舌战的。那为什么公孙弘不仅没有辩驳反而大方承认了呢？这是因为汲黯指责他的“使诈以沽名钓誉”，这个罪名不同于其他罪名，它的麻烦在于，无论被指责的对象如何辩解，旁观者都已先入为主地认为他也许在继续“使诈”。由于有了这种不信任的氛围，所以如果公孙弘越是表白自己没有“使诈”，就越会被人认为是在“使诈”。更何况像公孙弘这样，位居丞相而生活如此俭朴，确实有悖于官场的常情。按照我们今天的观点来看，一个高官甘愿以生活俭朴来骗取清廉的美名，即使是“使诈以沽名钓誉”，也比那些穷奢极侈、醉生梦死的官僚要好。

然而，公孙弘所处的时代，毕竟与今天大不相同。在那个时代，并不要求他这样位列三公的大官一定要艰苦朴素。公孙弘深知这个指责的份量，如果给皇帝留下一个自己在“使诈”的印象，那肯定对自己不利。于是，他马上采取了十分高明的一招：不做任何辩解，承认自己确实在“使诈”，确实想沽名钓誉。这样一来，至少使指责者无法攻击他继续在“使诈”。由于“现在没有使诈”的无声表白，被指责者及旁观者都认可了，所以也就减轻了自己所承认的“使诈”罪名的份量，甚至还能于无形之中，完全洗刷掉这个罪名。

公孙弘的高明之处，还在于不仅不对指责的内容进行辩解，而且还对指责自己的人大加赞扬，认为他是“忠心耿耿”。这样一来，便会给皇帝及同僚们留下这样的印象：公孙弘确实是“丞相相肚里能撑船”，度量大，勇于接受别人的批评，勇于自我解剖，勇于承认错误。真正是虚怀若谷，颇具涵养。

老子“善者不辩，辩者不善”的论题于今仍有一定的现实意义。一个夸夸其谈、自我夸耀者往往胸无点墨，得不到别人的信任和尊敬；而一个埋头苦干、三缄其口者往才是真才实学的知识智囊，能够博得广泛的同情和美誉。